教育部人文社会科学研究项目基金资助

项目名称：“发展中国家本土知识保护与利用战略研究”

项目批准号：09YJAZH087

本土知识在当代的兴起

——知识、权力与发展的相互关联

The Rise of Indigenous Knowledge in the Contemporary World:

Interaction of Knowledge, Power and Development

张永宏　著

云南大学出版社
YUNNAN UNIVERSITY PRESS

图书在版编目（CIP）数据

本土知识在当代的兴起：知识、权力与发展的相互关联 / 张永宏著. —昆明：云南大学出版社，2011
ISBN 978-7-5482-0397-1

Ⅰ.①本… Ⅱ.①张… Ⅲ.①知识社会学—研究
Ⅳ.①C912.67

中国版本图书馆CIP数据核字（2011）第049889号

策划编辑：赵红梅
责任编辑：宋 武
封面设计：刘 雨

本土知识在当代的兴起
——知识、权力与发展的相互关联

The Rise of Indigenous Knowledge in the Contemporary World:
Interaction of Knowledge, Power and Development

张永宏 著

出版发行：云南大学出版社
印　　装：昆明市五华区教育委员会印刷厂
开　　本：787mm × 1092mm 1/16
印　　张：13.5
字　　数：216千
版　　次：2011年4月第1版
印　　次：2011年4月第1次印刷
书　　号：ISBN 978-7-5482-0397-1
定　　价：25.00元

社　　址：昆明市翠湖北路2号云南大学英华园内
邮　　编：650091
电　　话：（0871）5033244　5031070
网　　址：http://www. ynup. com
E-mail：market@ynup. com

目 录

Contents

The Rise of Indigenous Knowledge in the Contemporary World: Interaction of Knowledge, Power and Development

Abstract

1. Indigenous knowledge is deeply rooted in the complicated historical context and diversified cultural background; therefore it shall not be defined in a simplified approach.

For a long time, there are two opposite approaches of defining indigenous knowledge: either, to generalize or to politicalize the concept of indigenous knowledge, in some extreme cases, the modern science knowledge is deemed as the indigenous knowledge of Europe; thus independence and autonomy of the indigenous people is the logic destination of indigenous knowledge; or, to neglect or suppress indigenous knowledge by declaring the end and death to indigenous knowledge in a time of modern technology.

There is also a third perspective of development experts and researchers who hold a politically neutral definition of indigenous knowledge by being affirmative about its value in practice; yet such definition inevitably makes ambiguous the dimensions of indigenous knowledge and ignores the historical composition of indigenous knowledge.

The revival of indigenous knowledge is not only the rejuvenation of traditional content and form of regional or local knowledge; it is the reflection of the modern topic as colonial history and development. In the context of conflict between South and North in the contemporary world, interaction of knowledge, power and development is not only the reason of revival of indigenous knowledge, but also the key to disclose the connotation of indigenous knowledge. In the perspective of knowledge, indigenous knowledge is a relative concept; it is local and different from the universal science knowledge. In the sense of power structure, indigenous knowledge takes a historical contribution as being oppressed, linked to indigenous power, casting its influence on the existence of its owner, relationship between the

South and the North or even global security. In the sense of development, indigenous knowledge is traditional; it has inestimable value for development as indigenous knowledge is the reflection of the cultural value of history and tradition. On the other hand, development is the convergence of power and knowledge; the cultural dimension of development is the main approach to disclose, protect and apply the richness of indigenous knowledge. Therefore, the proper defining of indigenous knowledge shall start from the fundamental characteristics, the historical attribute and value of indigenous knowledge, and include contemporary character of the interaction between knowledge, power and development, as well as the signified and signifier of regional knowledge, the oppressed knowledge and traditional knowledge, and the interrelationship of the three. In other words, indigenous knowledge is local knowledge, unique to the place in cultural, social, and regional senses, different from the universal knowledge that derived from university, research institutions or private enterprises. Indigenous knowledge is the knowledge of the oppressed, the spiritual and intellectual assets that have been awakened by the difference between the South and the North. Indigenous knowledge is traditional knowledge, decision-making basis for the community in food security, human and animal stock healthcare, management and education of natural resources as the efficiency and economy of indigenous knowledge have been proved by the long-term practices. The local attribute of indigenous knowledge is linked with the feature of its being oppressed; the two features converge in the development practices, and they mutually define the range of value of indigenous knowledge.

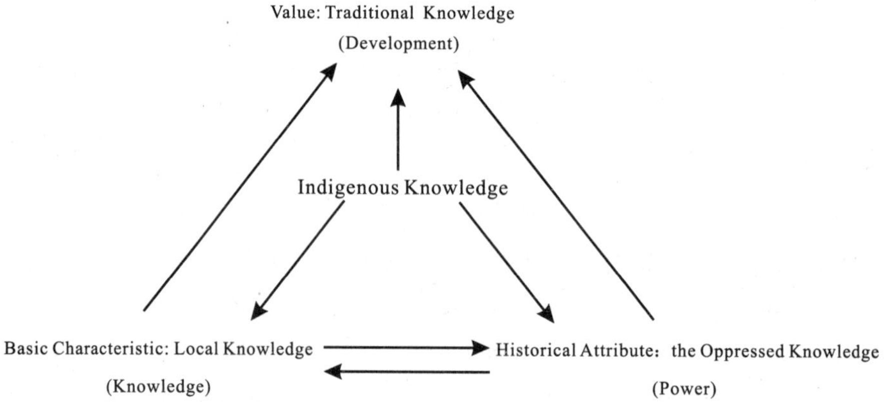

2. In 20th century, the evolution of science, philosophy, sociology of science knowledge, studies of science and technology, provides an enriched knowledge background to understand and accept indigenous knowledge, and deepens the understanding of difference and link between indigenous knowledge and science knowledge. In a dialectical sense, though there is distinctive difference between indigenous and science knowledge as they have different orientation, they are also inter-linked as they are borrowing and complementary to each other.

3.The concept of indigenous knowledge is profoundly linked with anthropological heritage. Culture serves as the core of indigenous perception, despite that indigenous culture might be ambiguous; otherwise the concept of indigenous knowledge is meaningless. After the academic humanist criticism and profound concern about development in post-War era, anthropology takes culture as its object of study, and provides the knowledge basis for the creation of indigenous perspective and enrichment of connotation of indigenous power. The fundamental perspective and approach of anthropology, namely Relative Theory of Culture, field study, emic perspective, etc. provides the study of indigenous knowledge with basis of methodology. In the meanwhile, anthropology plays the role of bridging indigenous and science knowledge during the collision of Western civilization and indigenous culture.

4. Indigenous scholars link closely the revival of indigenous knowledge to colonization history and de-colonization movement, and they oppose to the hegemony of the Western knowledge paradigm, and the dismissal of the power dimension of indigenous knowledge by the Western academics.

The intellectual property relating to indigenous knowledge is the core of power dimension to indigenous knowledge, if indigenous scholars have ever been fussy on the power dimension of indigenous knowledge, or they have an un-promising tendency of over-politicalizing that runs counter to the mainstream of peace and development nowadays. The intellectual property of indigenous property has been infringed upon in large amounts; therefore distinctive divergence exists between the North and the South in the protection of intellectual property to indigenous knowledge. As Southern countries face much difficulty in protecting their indigenous knowledge, the intellectual property of the indigenous knowledge deserves a thorough study.

5. There are two evolution routes to the revival of indigenous knowledge: the knowledge route and the power route.

The knowledge route sees indigenous knowledge as traditional knowledge, and emphasizes on the practical value of indigenous knowledge in agriculture, environment, and medical care. The power route sees the indigenous knowledge as marginalized and oppressed knowledge, pays concern to function of indigenous knowledge in safeguard of rights, education, common understanding in culture, structuring of country, and continuously strengthens the the function and purpose of indigenous knowledge in the process of de-colonization.

In the 1990s, on one hand, the decrease of ideological confrontation and the adoption of sustained development approach strengthen the development of knowledge route; on the other hand, as global issues appear during the process of globalization, the conflict of the South and the North influence profoundly global development and security, and the power route is strengthened in academic domains, instead of being weakened.

Despite the profound background both in studies of knowledge and power, the significance and role of indigenous knowledge in arena of development are paid great concern, considering the global development momentum of indigenous knowledge. Development needs indigenous knowledge; in the meanwhile, development provides opportunity and room for the reviving of indigenous knowledge.

In a few decades after WW Ⅱ, as development evolves from growth and fair growth to over-all and sustained development, the opinion that traditional knowledge and system are barriers to development has been generally abandoned; indigenous knowledge is seen as the key factor for sustained resource utilization and balanced development.

Cultural Dimension of Development published in 1980 marks the practices of indigenous knowledge entering into different arena of development. At the end of 1980's and in the early 1990s, as theoretical study to concept of indigenous knowledge deepens and the value of indigenous knowledge is approved extensively, the influence of indigenous knowledge to development increases gradually. In the late 1990s, some major international development agencies started systematic research and application of indigenous knowledge. At the same time, the Southern countries set up some specialized institutions to protect and make use of indigenous knowledge. Indigenous knowledge draws increasing attention in global development, casting more and more global impact.

6. In recent years, the practice of African indigenous knowledge enriches increasingly; therefore, the significance and role of indigenous knowledge appears more and more distinctive, and it becomes an alternative to solve the dilemma of African development that draws much attention.

What does Africa rely on to survive in the last hundreds of thousands years? Half of modern African population live under poverty line, 75% of the employment is on part-time basis, mainly in communities. How shall employment in Africa increase to eradicate the problem of poverty of the African continent under such context? Why Western governments, financial institutions and MNCs provide Africa with aids to fight against poverty, but only leave African countries with debts, reliance on aids, prejudice in trading and more poverty? The African tropical forest amounts to 2 million square kilometers, the second largest in the world to Amazon tropical forest in South America and called "2nd lung of the earth"; this is the material livelihood to some 400 million African people. From 1990 to 2005, according to Food & Agriculture Organization of the United Nation, the African continent lost 9% of its forest during 1990 to 2005, half of the total global forest loss. Africa is the continent that has the most varied dialects; however, the influence of some 400 to 500 of the total 1,400 sorts of African dialects have decreased drastically, according to a recent report by UNESCO, among which 250 sorts of dialects are near extinction. How would Africa protect the biological and cultural diversity this continent relies on? In recent years, the practice and theory of African indigenous knowledge has been proved to play an essential role in food security, disease control, environment management, natural resource development and mining, modern technology application, education and structuring of the country, etc. Indigenous knowledge is not only important but also fundamental to the development of Africa, a continent that has historical colonial legacy system, bad infrastructure for development, extreme poverty and large number of poverty-stricken population as well as a fragile ecosystem and strange process of country evolution.

7. It will damage the potential value and peculiarity of indigenous knowledge to see indigenous knowledge as merely the mass of all knowledge known, or to over-generalize and simplify indigenous knowledge by separating the knowledge from its background. The value of the indigenous knowledge is inseparable with indigenous environment; therefore many indigenous solutions have their own background. The indigenous knowledge will not be properly protected and made use of if there is not a proper appreciation of it.

Indigenous knowledge is necessary to development, if not sufficient. Even to a local context, it is impossible for indigenous knowledge and collective memory to explain and solve all the problems the community face. It is the correct method to integrate indigenous knowledge with modern science and technology. In fact, such integration took place as long as a few centuries ago, only to speed up the pace in the context of globalization. As for how the indigenous knowledge should be protected in the process of modernization nowadays, it is really challenging to establish a complementary relationship between indigenous knowledge and modern science and technology in which none of the two is eroding the other, instead, the one nourishes the other.

There are two extreme tendencies in treating indigenous knowledge: pan-politicalization versus indifference to unbalanced power structure due to colonial history and conflict between the North and the South; or ethnic centrism versus pessimism of being over-humble. There shall be good compromise between defining the relationship of indigenous knowledge and cultural tradition and identifying the difference and link of indigenous knowledge and science; as well as proper concession between focus on the practical value and on its spiritual and cultural significance to indigenous knowledge. These topics are only studied and solved in the practices in a cautious approach: a decision-making process that, basing on communication and participation, induces sharing and applying the knowledge of the local communities to mitigate the risk of either boycotting modern science or dismissing indigenous authorization.

8.The international development agencies and Africa have made various and constructive efforts to protecting and applying indigenous knowledge; such efforts have accumulated valuable refection and experience for the Southern countries to deal with the conflict of the North and the South, to respond to challenge of globalization, and to find a self-relied and sustained path to development.

For Southern countries, the West forces its ideal future by the Western political, economical and cultural influence, instead of defining future for the South. When he talks about the hope, dream and plan to future, a westerner will inevitably think in a Western mind-cell. Different history, experience, and ideology nourish varied perspective to reality and possibility to future. Practices prove that the chance of success is better if the Southern countries adopt the ideal and reform that accord with its life style, production, ideology and tradition. In this sense, indigenous knowledge is the treasure of the Southern countries.

9. There is remarkable academic significance to research of indigenous knowledge, for such research involves multi-disciplines of sciences. For example, how to identify and classify indigenous knowledge? How to link the indigenous knowledge system to the system of modern science and technology? These topics are studied by knowledge science, sociology of science knowledge , philosophy of science ,information science, studies of culture at different levels. As a knowledge system via practice, the topics of its application and protection, and its integration into development and education plans need thorough research by experts of different fields of study, such as agriculture, ecology, environment protection, medicine, development, economy, and education, etc. It poses to the academics and experts of the Southern countries the questions of defining the connotation of intellectual property to indigenous knowledge, and identifying an indigenously adapted approach to respond to the economical globalization, social popularization of knowledge, convergence of cultural, and integration of technology; as the answers to such urgent and complicated questions are not only linked to the future and ideals of a nation, to the global securities of food, ecology and society, but ultimately to the conflict between the Southern and Northern countries with much academic significance.

Meanwhile, the research of indigenous knowledge involves many complicated theoretical issues; to name a few, dialectical integration of indigenous knowledge and modern science and technology; diversity and generic homogenization of culture, human rights issues in culture and languages, defining the traditional cultural heritage and the knowledge it vehicles, as well as some other questions as who should safeguard the rights to culture in the absence of a global governance, what the colonists have done to devaluating the value and the tradition of mouth-to-mouth teaching of indigenous knowledge, how should the tradition of mouth-to mouth teaching and indigenous knowledge should link to the poor, marginalized, and disadvantaged people, how the prejudiced and misperceived theoretical approaches should be avoided, and finally the legal or ethical problems of how the knowledge of the disadvantaged people will not be deprived of; these questions are of extensive research significance.

10. The civilization of ancient China has such a long history and heritage which has not been interrupted for thousands of years, eg. the well-known traditional Chinese medicine. However, the influence of scientism escalate increasingly, and indigenous knowledge is oppressed, sabotaged and abandoned for quite a long time, as the reflection and criticism to indigenous knowledge are made one time after another, and Westernization is introduced one time after another since the Opium War. For example, in recent years, the academics are still negative and skeptical to traditional Chinese medicine. The contemporary China needs to pay attention to the study, protection and application of indigenous knowledge during its modernization process, and solves the problems of sustained development and growth, food for its over one billion population, natural resources and environment management, rural issues and urbanization, and research and development of its own intellectual property.

Key Words: Indigenous Knowledge, Power, Development

引言：本土知识在当代兴起的演进路线

本土知识在当代的兴起有两个前提：一是殖民统治的终结，二是前殖民地国家在民族解放运动中获得独立。前者解除了殖民霸权对本土的压制，后者使发展成为时代主题，二者结合在一起，彰显了本土知识的意义。在此背景下，本土知识在当代兴起的过程中，形成了两条演进路线：权力路线和知识路线。权力路线注重本土知识在管理、教育、文化认同以及去殖民化和国家建构中的功用和使命；知识路线注重本土知识在农业、环境、医疗等方面的实用价值。进入1990年代，一方面，随着意识形态对抗的淡出及可持续发展理念的增强，促进了知识路线的发展；另一方面，全球问题在经济全球化进程中凸显，南北矛盾深刻影响着全球的发展和安全，权力路线不仅没有被削弱，反而在学术领域日益被关注。这两种趋势在反对西方中心论、反思全球化的旗帜下会合，引起广泛探讨。就广大的发展中国家而言，民族独立、国家建构和发展，受到漫长的殖民历史的深刻影响和制约，如何摆脱殖民历史的阴影，建构新型南北关系，以应对全球化不断提速背景下知识经济的挑战，这一问题使知识、权力与发展的相互关联成为后殖民时代、全球化时代的特征。

简单讲，本土知识（indigenous knowledge, IK）即地方文化中所包含的传统知识（traditional knowledge, TK），是古老的知识形态，由来已久。但是，在近几十年里，“本土”（indigenous）和“知识”（knowledge）组合在一起，不仅指传统知识的内容和形式，而且包含着发展的立场和方法，[①]与近代以来西方殖民扩张导致的知识、权力不对称，与南方国家的去殖民化运动，与后殖民时代的全球化进程及其相关的全球贫困问题、环境问题、安全问题等发展问题联系在一起。因此，本土知识在当代的兴起，是殖民历史负荷的反映，同时也是南北关系背景下知识、权力与发展相互关联这一时代特征的反映。

（一）

上世纪上半叶的两次世界大战，是近代以来西方资本主义扩张导致的最为残酷的全球性灾难。然而，物极必反，正是这一史无前例的人为灾难，埋葬了西方长达数百年的殖民统治体系，遏制了西方霸权主义在全球肆意掠夺的步伐，唤醒了饱受殖民主义压迫和摧残的民众。二战后，民族解放运动蓬勃展开，新兴的南方国家如雨后春笋般崛起，世界格局悄然改变：冷战对抗与南北矛盾交叉缠绕在一起，成为左右全球局势的主要力量。1990年代初，冷战结束，为全球广泛而深入的联系创造了坚实的平台，经济全球化趋势迅速成长，发展成为第一位的主题，南北矛盾在新的时代背景下进一步凸显。尽管南北间的界限难以严格确定，且处在变动当中，但南北间存在的贫富差距、发展鸿沟（development gap）是显在的，它深刻影响着世界的经济、文化和政治变化，构成主导当代世界的一个基

① Trevor W. Purcell,“Indigenous Knowledge and Applied Anthropology: Questions of Definition and Direction”, *Human Organization*, Fall 1998, 57（3）, ABI/INFORM Global, p.258.

本矛盾。[①]从长时段的历史视点看，公元1500年以前，世界的交往主要在同纬度的东西方进行，跨纬度的南北联系因受到气候和地理因素的限制处于次要地位；[②]殖民时代，北方以一边倒的优势主宰着世界；进入后殖民时代，冷战对抗不过是一个短暂的插曲，而南北关系所包含着的厚重的历史根源和复杂多样的现时问题，成为更具根本性的矛盾。南北关系主要体现在贫富差异上，但深层原因与历史、文化、地理、经济、政治等有着复杂的联系。从知识经济的角度看，近代以来，北方一直是知识增长的发动机，处于主导地位。今天，知识已成为生产力的核心要素，而西方仍在领跑科学技术，在南北间筑起了知识壁垒、技术壁垒。于是，知识导致南北间的机会、权力严重失衡，处于知识生产低阶上的南方国家，将如何发展？因此，在当代，知识、权力与发展的关联性，成为南北关系的焦点。这就是为什么20世纪60年代以来，现代化与反现代化、西化与反西化、全球化与反全球化、科学主义与反科学主义之间的对垒和争论时起时伏的根本性原因。从这些事态中可以看到，一种反动的力量在日趋形成，那就是南方一些国家把视线聚焦到本土与自立之上，力图打开本土知识与创新相连接的大门。同时，在西方中心论普遍失去市场，后现代思潮和科学相对主义大大拓展了知识视野的交互作用之下，本土视角受到越来越多的关注，本土权力的诉求意识不断高涨，发展的文化维度被置于重要的地位。

正是在上述背景下，二战结束后本土知识开始逐渐兴起。

---

① 南方（the South）与北方（the North），不是简单的地理界限，而是一个社会经济、政治概念。北方指富裕的发达国家（developed countries）,南方指发展中国家（developing countries or least developed countries）。目前，对发展中国家的界定仍存在不一致，例如，联合国把第三世界的42个最穷的国家列为最不发达国家（Least Developed Countries），88个非石油输出国列为发展中国家（Developing Countries），另有13个OPEC成员国；经济合作和发展组织（Organization for Economic Cooperation and Development, OECD）则列出62个低收入国家（LIC'S）、73个中等收入国家（MIC'S）、11个新兴工业化国家（NIC'S）和13个OPEC成员国；世界银行把全球所有国家分为六类：低收入国家、中等收入国家、高中等收入国家、高收入的石油输出国、工业化市场经济国家和东欧非市场经济国家，前4类包括了143个第三世界国家，后两类包括了所谓的第一和第二世界国家，发展中国家主要发布在前4类和最后一类中。本书采用世界银行的分类。

② 贾雷德·戴蒙德著，谢廷光译：《枪炮、病菌与钢铁——人类社会的命运》，上海世纪出版集团2006年版。第170—171页。

1954年，科克林（H.C. Conklin）在菲律宾开展本土人与植物世界关系的研究，被认为是最早的本土知识研究。[①]但本土知识在当代的兴起，主要发生在发展领域。二战结束，南方的现代化和北方的对外援助紧密地联系在一起。首先，随着美国从二战中胜出，马歇尔计划（Marshall Plan）取得成功，工业资本主义全面获胜。其次，20世纪中期的去殖民化运动在非洲、亚洲和加勒比海地区催生了大量新的、贫弱的国家。这些国家虽然缺乏治理经验，但都孕育着新的期望和力量。美国以援助和控制相结合的方法，对这些国家实行促进稳定的帮助。第三，1960、1970年代，是跨国公司膨胀的时期，廉价的劳动力和增长的海外消费，迎合了美国的第三世界工业化政策。这些因素在冷战思维的支配下，使美国和其他西方工业化国家支持的现代化项目和对外援助迅速成长，但也误导甚至破坏了第三世界的内源性发展。1970年代和里根时期（Reagan era），西方主导的现代化不断暴露出问题，贫困依然普遍存在，社会问题突出，阶层隔阂加大。于是，多边金融机构，如世界银行、国际货币基金组织等把注意力转向贫困、健康、营养、小规模经济计划和计划生育等主题。1975年，世界银行乡村发展政策文件（Rural Development Policy Paper）承认了西方发展观的失败，开始寻找传统社会现代化的新方法。在此背景下，人类学、经济学、政治学等学科日益关注发展的本土视角这一问题。

1980年，布洛肯夏、沃伦、维纳主编的《本土知识与发展》出版，本土知识开始进入发展视域。[②]1990年代，一些国际机构、政府组织和非政府组织逐渐重视对本土知识研究、保护和利用的支持，世界银行、国际劳工组织、联合国教科文组织、联合国环境署、联合国粮农组织等和一些国家的政府、非政府组织，越来越关注本土知识在可持续发展中的作用。1995年，沃伦、斯理克威尔、布洛肯夏主编的《发展的文化维度》

① H.C. Conklin, *The Relation of Hannunoo Culture to The Plant World*, Ph.D. dissertation, New Haven, Yale University, 1954.

② D.Brokensha, D.M.Warren and O.Werner(eds.), *Indigenous Knowledge Systems and Development*, Lanham, MD, University Press of America,1980.

出版，进一步拓展了本土知识的研究和应用领域，[①]学术界、发展机构纷纷展开对本土知识的探讨，本土知识文献迅速增长，广泛分布于农学、林学、生态学、环境学、医学、教育学、政治学、科学学等领域。1998年11月，世界银行在非洲信息通讯技术伙伴计划（Partnership for Information and Communication Technology for Africa, PICTA）的基础上，强调学习、保护、交流本土知识的紧迫性，出台了“本土知识与发展行动框架”（Indigenous Knowledge for Development: A Framework for Action），旨在推动在发展进程中加强对本土知识的识别、利用和交流。同年，联合国教科文组织的社会转变管理计划（Management of Social Transformations Programme, MOST）与荷兰高等教育国际合作组织（The Netherlands Organization for International Cooperation in Higher Education, Nuffic）展开在本土知识领域里的合作，目标是建立一个本土知识主题实践数据库，收录来自亚非拉和欧洲的大量本土知识案例，集中反映在贫困人群减贫、增收方面特色突出、符合可持续发展战略方向的成本—效益型本土实践。1999年印度、巴西、乌干达制定了本土知识发展计划，2000年联合国千年发展计划强调本土知识的意义和价值，2004年南非发布了《本土知识系统政策》，2005年非洲第二届科技部长会议把本土知识列入《非洲科技整体行动计划》，本土知识逐渐进入政策体系。[②]

过去几十年里，发展专家、科学家、本土实践者不断探索本土知识与科学知识的连接，本土知识与发展、教育的相关性得到普遍承认。科学家常常在发展计划中采用本土知识，有力地促进了其在自然资源管理、药物开发、物种驯化和繁育、虫害控制等科学领域中的应用。近年来，许多南方国家把本土知识视为国家资本，陆续制定了一些本土知识保护与利用战略，积极着手建立其资讯机构和数据库，使其在南方国家的信息流中不断增长，广泛涉及农业、医疗、教育、科技创新、知识产权保护等。

① D.M.Warren ,L.Jan Slikkerveen, D.Brokensha, *The Cultural Dimension of Development*, Intermediate Technology Publications Ltd.,103-105 Southampton Row, London WC1B 4HH,UK,1995.

② 刘鸿武、张永宏：《面向21世纪的非洲科学技术发展——〈非洲科技整体行动计划〉述评》，载《西亚非洲》2006年第2期。

（二）

值得注意的是，本土知识在兴起的过程中，形成了两条演进路线：知识路线和权力路线。知识路线把本土知识看作传统知识，力图追求本土知识的政治中立性，注重其在农业、环境、医疗等方面的实用价值；权力路线把本土知识视为被边缘化的、被压迫的知识，关注本土知识在权利保障、教育、文化认同、国家建构中的作用，不断强化本土知识在去殖民化进程中的功用和使命。

1960年代，绝大多数前殖民地纷纷取得独立之后，去殖民化进程快速发展，本土学者开始活跃起来，并逐渐获得了与西方主流话语交流、碰撞的机会。1970年后，以自由和民主价值为主调的学术环境在南北学术界形成，本土学者从反殖民情绪中逐渐走向成熟，开始在反思欧洲殖民历史中发挥变革性的作用。其中，本土学者把本土知识在当代的兴起与殖民历史、去殖民化运动紧密联系起来，反对西方知识范式的霸权。本土学者的自觉和崛起，凸显了本土知识的权力维度，丰富了本土知识的意义和价值。

进入1990年代，一方面，随着意识形态对抗的淡出以及可持续发展理念的增强，促进了知识路线的发展，另一方面，全球问题在全球化进程中突出出来，南北矛盾深刻影响着全球的安全和发展，权力路线在学术领域随之得到强化。围绕两条路线的争论，知识与权力两种要素纠缠在一起，使人们对本土知识的认识变得更加纷繁复杂。①

科学主义论者认为，本土知识已经死亡。传统的资源利用策略常被描述为不仅有利、可持续，而且是发展现代保护战略的最适基础，可是，这些保护方法大多奠定在未被检验过的断言上。本土人长期发展起来的生活方式和适应手段支持他们与环境之间建立稳定、平衡的相处关系，但是，这种所谓的稳定（stability）和平衡（balance），不仅内容十分含糊，而且

---

① L. N. Thrupp,"'Legitimising Local Knowledge','Scientized Packages', or Empowerment for Third world People", in D. M. Warren, L. J. Slikkerveer and S.O. Titilola (eds.) *Indigenous Knowledge Systems: Implications for International Development*, Ames, IA, Iowa State University, Technology and Social Change Studies 11,1989.

难以测定。①

科学相对主义论者则认为，本土知识不仅具有与科学知识同等的地位，而且往往超越了科学知识实验逻辑和数理逻辑的局限性，其特有的文化维度将使其成为“人的科学”。②至少，在社区层次上，本土知识即使不是万能的灵药，也是本土民众生存、发展必不可少的条件和动力源泉。

文化特异性论者认为，本土知识的作为空间十分有限。本土知识是特定人群的文化，只能在原地通过不断应用而得到保存，转移本土知识将导致不适合，甚至会造成危害。有学者坚持认为，本土知识根本不能被整理和记录，更不能跨社区、跨文化进行交换，记录和转移本土知识将导致本土知识变质以及本土人的授权被剥夺。③

泛文化论者则认为，西方科学同样是一种本土知识。虽然，欧洲民间传统已被科学重新发明和编码，并在当代文化中得到重新阐释，现时的西方不存在明显的“民俗”（folk）意义上的本土知识，但是，回溯历史，可以看到，在中世纪和现代化的早期，最初的动植物科学知识源于对欧洲乃至全球民间知识的分类、分析、比较、传播，并藉此得以被普遍化，这个过程并非在一夜之间完成。因此，西方关键性的专门化知识，如医药知识，是在全球共同经验、口传传统、个人经历和专家智慧漫长积累的基础上形成的。④

反对本土化的论者认为，本土知识旗帜的逻辑终点是政治上的独立和知识上的反科学，这种指向是十分危险的。本土知识的知识产权问题和本土人的权利问题超越了民主政治的议程，“本土”成为追求自身利益的标

---

① V.M. Razak,“Can indigenous Cultures Survive the Future?”, *Futures*, 35,2003, pp.907—915.

② P. Richards, *Indigenous Agricultural Revolution*: *Ecology and Food Production in West Africa*, Boulder, Co/ London, West view Press, Hutchinson. 1985.

③ Arun.Agrawal, *Indigenous and Scientific Knowledge: Some Critical Comments*. http://www.nuffic. Nl /ciran /ikdm/3-3/articles/agrawal.htm/. 2007-4-10.

④ Andrew Wear, “Epistemology and learned medicine in early modern England” ,in Don Bates (ed.) *Knowledge and the Scholarly medical traditions*, Cambridge: Cambridge University Press, 1995. pp.151—173.

签，成为文化识别、文化认同的基础，使地方传统不断得到强化，学术研究尾随其后，产生了越来越多的伪知识、伪民俗，继而促使第三世界的政治家、科学家积极着手思考如何定义本土知识，力图以更加广泛的方式使本土知识商品化、观念化，使之不仅成为一种可开发的经济资源，而且成为国家发展的智慧资源和政治资源。这种趋势造成了亚文化的对抗和知识的破碎。因此，应对本土知识进行文本化，以便于把本土知识纳入科学知识的普遍化管辖范围，以防止本土知识被滥用。

本土民族主义者则认为，民族存在的核心就是其传统文化，[①]其中的知识和实践塑造了自我管理的社会特性。民族的强盛离不开对本土知识的保护，而占有本土土地、保护本土人,是保护本土知识的必要前提。因此，当本土知识被重估和复活，本土人变得有力量，感到有了反抗外来压制的能力，便自然会意识到本土授权的重要性。[②]况且，一方面，西方科学缺乏重视、鉴别传统文化及其知识系统的能力，也就是说，西方科学方法并不懂得地方实践，更不可能认识到本土知识中的精神元素；另一方面，本土知识已进入南方国家的经济发展需求之中，但是，有关本土知识的主流认识，大都是在西方知识系统下做出的，很多科学家、决策者、管理者已内化了西方的知识模式，他们即使不压制、不反对本土知识，充其量也不过把本土知识看作是一种可有可无的补充，因此，西方科学通过技术输入硬性嵌入地方文化，遮蔽了本土知识的价值，是一种强权和破坏。

从这些截然不同的观点可以看出，在发展进程中，知识与权力的关系问题，是一个复杂而又无法回避的问题。

（三）

然而，不争的事实是，本土知识在当代兴起的过程，正是本土知识的

---

① Taiaiake Alfred, Warrior Scholarship, “Seeing the University as a Ground of Contention”, in Devon Abbott Mihesuah and Angela Cavender Wilson(eds.)*Indigenizing the Academy: Transforming Scholarship and Empowering Communities*, Lincoln: University of Nebraska Press, 2004, p.95.

② Leanne R. Simpson, “Anticolonial Strategies for the Recovery and Maintenance of Indigenous Knowledge”,*American Indian Quarterly*, Berkeley: Summer 2004. Vol. 28, Iss. 3/4, p.373.

价值在不断显现的过程。

1972年，联合国人类环境大会发布了《人类环境宣言》，呼吁全球关注环境问题，指出，以往对环境问题的忽视给地球带来了严重的和不可逆转的破坏，应利用人类积累的一切知识和智慧保护环境，维持人类生存和发展的自然条件，为全球经济和社会发展奠定基础；维护和改善环境是人类当前和未来若干代人的重要任务，应着力培植全球新的环境敏感型的文化和知识智慧。在这次大会的启蒙之下，本土知识逐渐被看做是环境智慧的宝库。接着，联合国教科文组织发起了人与生物圈计划（UNESCO's Man and the Biosphere Programme，MBP），总的目的是在自然科学和社会科学相互整合的范畴里为可持续资源利用计划的改进建立基础。该计划强调应包含本土人及其决策和资源利用系统，其中的一些项目，如加勒比海和地中海地区的传统医用植物研究，新西兰海湾地区传统社区价值研究，肯尼亚北部牧民的通讯渠道和决策过程研究，中美洲本土人传统土地利用系统的保护与生物圈保护的关系，草地管理与中纬度地区的生物圈保护等，都涉及丰富的传统生态知识。一般说来，科学技术在农业、环境上的应用，对象单一、效果显著，但成本高、后遗症多、品质短命，如何在本土知识系统的基础上使科学技术更好地发挥作用，这一问题引起科学界的广泛关注。人与生物圈计划的实践证明，结合农民的本土实践，在其文化的背景上推进科学技术的应用，可持续性更加可靠。[①]例如，墨西哥生物资源研究所（Institute for the Study of Biological Resources, INIREB）的科学家从传统农业系统中不断吸取营养，以充分利用本地环境特色的优势，在不需大规模投入化肥、资金和设备的前提下实现了低成本的粮食增产；[②]印尼加里曼丹岛东部农民的游耕、大面积浅耕粗种，造成大量的森林毁坏，在该地区整合社会和生物学研究，探究本土森林知识的有效范围及其

① Y. Aumeeruddy and F. Pinglo, *Phytopractices in Tropical Regions: Preliminary Survey of Traditional Crop Improvement Techniques*, Paris, UNESCO Laboratorie de Botanique Tropicale (Montpellier), 1988.

② A. Gómez-Pompa, " Learning from Traditional Ecological Knowledge: Insights from Maya Silviculture", in A. Gómez-Pompa, T. C. Whitmore and M. Hadley (ed.), *Rain Forest Regeneration and Management, Man and Biosphere Book Series UNESCO*, Paris and Parthenon Publishing, Carnforth,1987.

相关决策制度的变化和社会影响等，增进了对本土知识的认识、理解和应用；[①]亚马逊流域被边缘化的秘鲁人族群在循环利用农林业体系方面有着丰富的实践，但却处在主流的商业链之外，人与生物圈项目在该地区开展的农业森林系统循环研究，紧密结合本土知识，根据树种、植被的类型，合理间伐、轮耕，既适应市场，又有利于生态系统的代谢，进一步使保护和开发建立在可持续的基础之上。[②]总之，为应对变化中的社会、经济环境，人与生物圈研究为热带走生态型发展的道路提供了有益的探索，其中的关键是把本土知识和现代技术放在一个合适的接合点上，促进二者相得益彰。

到1980年代，生态发展运动（eco-development movements）不仅把生态系统研究的整体观拓展到社会研究领域，而且更加强调环境效益，更加关注本土知识的实用性和经济性。世界环境与发展委员会（World Commission on Environment and Development）和世界银行1988年的年度报告吸收了生态发展运动的有益成果，在乡村发展中强调自然环境与本土知识的联系性。[③]把本土知识与乡村发展连接起来，促使人们普遍认识到保护自然和文化的多样性是可持续发展的先决条件，并在反思现代高强度生产方式负面效应的基础上，发展了丰富多样的可持续方法，以遏制现代科学技术对自然生态系统复杂性的打断。本土知识，这种与环境朝夕相处的草根常识，逐渐被视为乡村发展的重要资本。农学家、生态学家、森林

---

① K. Kartawinata, S. Adisoemarto, S. Riswan and A. p. Wayda , “The Impact of Man on a Tropical Forest in Indonesia”, *Ambio*, 1981,10(2-3),pp.115—119.

② C. Padoch, J. Chota Inuma, W. de Jong and J. Unruh, “Amazonian Agroforestry: A Market-Oriented System in Peru”, Agroforestry Systems, 1985, 3, pp.47—58.

③ Brundtland Report : *Our Common Future*, World Commission on Environment and Development, Oxford, Oxford University Press , 1987.

E. Vanek, “Enhancing Environmental Resource Management in Developing Nations through Improved Attitudes Toward Indigenous Knowledge Systems: The Case of the World Bank”, in D. M. Warren, L. J. Slikkerveer and S. O. Titilola (eds.) *Indigenous Knowledge Systems: Implications for Agriculture and International Development Studies in Technology and Social Change 11*, Ames, IA, Iowa State University ,1989,pp. 121—137.

专家、管理专家纷纷采用本土知识解决乡村发展问题，并依托本土知识发展了大量适用的自然资源管理方法，支持农业生产率的提高，一些本土知识系统开始被成功应用于灌溉管理、虫害控制和对贫困农户的信贷管理等方面，本土知识应用于乡村发展的研究和实践迅速开展起来。[①]例如，苏塞克斯大学发展研究所（Institute of Development Studies in the University of Sussex）的罗伯特·钱伯斯（Robert Chambers）教授及其同事较早开展了地方人力资源和地方组织在发展战略中的地位与作用研究，他们研发了快速乡村评价技术（Rapid Rural Appraisal），建立了农耕系统研究的方法，使“自下而上”的发展思想规范化，为本土知识系统应用于乡村发展奠定了基础。[②]1985年，雷查德（Paul Richards）开始在社会科学领域里倡导平民主义，避免草根知识被现代主义、实利主义过分普遍化，并通过地方试验，探索可持续性的多样化道路，以适应自然和文化环境的变迁。一些学者尾随雷查德的研究，把本土知识看做“人的科学”（people's science），并将其整体观的思想方法应用于发展，不断扭转西方知识传统的偏见。[③]

在西方，环境运动获得了很大的社会影响，生态事务成为很多国家政治事务的主要内容之一。在南方国家，人口压力、贫困与环境问题相伴，加剧了农业生产危机；大量的外部投入，如高成本的化肥、除草剂、杀虫剂和杀真菌剂不仅未能维持足够的生产水平，并且造成了严重的污染，影响着经济和生态的协调。特别是在黑非洲国家，环境快速退化和农业生产率的下降，导致了公认的非洲农业危机。因此，北南双方都认识到，环境问题首先是一个生存问题，为了解决好全球环境问题，应重新定位农业发

---

① M. Cernea, *Putting People First: Sociological Variables in Rural Development*, Oxford, Oxford University Press, 1986.

② R. Chambers, *Rural Development: Putting the Last First*, London, Longman, 1983.

R. Chambers, and J. Jiggins , “Agricultural Research for Resource-Poor Farmers, Part II: A Parsimonious Paradigm”, *Agricultural Administration and Extension*, 1987, 27, pp.109—128.

③ P. Richards, *Indigenous Agricultural Revolution: Ecology and Food Production in West Africa*, London, West View Press, 1985.

展。在这种形势下，与环境问题联动的农业领域引起了广泛重视，农业与本土知识、文化的联系受到关注，人类学家、发展专家、农学家、植物学家和土壤科学家开始联手搜集、分析本土农业知识。

进入1990年代，本土知识在发展上的作用戏剧性地得到增强，主要表现在记录本土知识的活动大量地在社区展开，社区层次的知识系统的组织普遍得到加强，国家层面开始把本土知识作为国家资源看待，本土知识被广泛应用于学校教育系统，越来越多的学术研究关注本土知识。1992年，里约热内卢联合国环境与发展大会（The United Nations Conference on Environment and Development, UNCED）通过了《环境与发展宣言》、《21世纪议程》、《气候变化框架公约》、《生物多样性公约》等一系列重要文件，开始把环境问题引入实践行动，高度重视地球生物多样性的保护方法和战略、策略，文化多样性和生物多样性的相互依存问题随之被置于保护和发展的中心。此后，与本土知识相关的论坛数量不断增加，极大地方便了社区代表、本土民众与来自大学和发展机构、研究机构的专家进行相互交流。在1992年、1993年较短的两年时间内，关于本土知识在可持续发展上的作用的多种研讨会在肯尼亚、印尼、菲律宾、加拿大、津巴布韦、德国、荷兰和美国召开。加拿大国际发展研究中心（Canada’s International Development Research Centre, CIDRC）作为《21世纪议程》的研发机构之一，对本土知识与可持续发展的联系尤为关注，多次在南方国家举办过本土知识系统与发展方面的研讨会。联合国发展计划署（United Nations Development Programme，UNDP）支持建立可持续发展网（Sustainable Development Network, SDN），以促进可持续发展与本土知识的链接，增强在可持续发展中利用信息和通讯技术的能力。UNDP认为，把本土、传统、地方性知识更好地整合进决策系统，对促进地方可用知识和专家经验的结合，为可持续发展服务，是十分必要的。在多方力量的推动下，围绕可持续发展这一主题，本土知识广泛进入生态学、医药学、植物学、动物学、农学、经济学、教育学、乡村社会学、管理学、信息科学等科学领域，应用日益广泛，研究更加综合、深入。例如，1993

年，布鲁塞尔欧洲人社区（European Community in Brussels）、肯尼亚国家博物馆（National Museums of Kenya, NMK）和印尼大学（Padjadjaran University）、克里特地中海农业研究所（Mediterranean Agronomic Institute of Chania, MAICH）、莱顿大学（Leiden University）等合作开展的南方国家本土知识系统与可持续发展联合研究计划，即以农业和食品生产领域里的本土知识和实践为主要研究对象，致力于建构本土知识研究的理论和方法及其在可持续农业和乡村发展中的应用原则。该计划基于不同地区的跨文化研究，寻找与可持续发展相关的本土农业知识系统（indigenous agricultural knowledge systems, INDAKS）的比较分析模式，内容包括肯尼亚和印尼特定地区的本土农业知识系统的研究、分析和文档化，本土农业知识系统在可持续发展项目中的潜力评价，在发展项目中整合本土农业知识系统的实践模式等。该计划所展开的不同学科视野下的案例收集和研究，促进了农学、生态学、自然资源管理、人类学等多学科的理论和方法的整合。同时，把地方视角、实践、技术、工艺和宇宙观应用于农业发展，赋予了本土知识以新的意义，改变了本土农业知识系统一直处在学术圈之外的境地，使之成为农业科学领域不可或缺的辅助成分，并促进了常常零散分布在各个学科之中多属灰色文献的本土农业知识文献的系统化。[①]这一时期，联合国组织在本土知识应用于发展方面做了大量的工作，例如，劳工组织、粮农组织、教科文组织等启动了一系列项目，重点开展地区自主发展、地方人力资源和制度资源的利用研究，相关的一个重要研究领域是文化系统的研究，特别是外界强势文化输入对本土文化多样性减少的影响研究，为可持续发展提供了系统的理论和方法。[②]在联合国发展机构的倡导下，对多样性存在、弹性发展空间开发的研究兴盛起来，促使可持续农业把较少的外界投入和干预作为重点，努力探索运用传统农业知识推进乡

① L.J. Slikkerveer, " Changing Values of Social and Natural Scientists toward Indigenous Peoples and their Knowledge Systems", in D.M. Warren, L.J. Slikkerveer and S.O. Titilola (eds.) *Indigenous Knowledge Systems: Implications for Agriculture and International Development, Studies in Technology and Social Change*, Ames, IA, LOWA State University, 1989,pp.121—137.

② M. Redclift, *Development and the Environmental Crisis*, Condon, Methuen , 1984.

村发展的新途径，大大提高了整合利用本土知识的能力。[①]

1996年，世界银行指出，世界银行不仅是金融资源中心，而且应是一个知识银行（knowledge bank）。次年，在多伦多召开的首届全球知识会议(The Global Knowledge Conference)上，来自南方国家的政治领导人和社会各界人士，都赞同世界银行的这一远见卓识，并希望世界银行在全球知识和地方知识这两个知识系统之间发挥杠杆作用，促进现代科学技术与本土知识和制度的有机结合。世界银行1998年编制的“本土知识与发展行动框架”详细阐明了本土知识在南方国家起着重要作用的原因和相关的重要问题，如什么是本土知识，为什么本土知识在发展进程中具有重要作用，本土知识如何交流等，认为南方国家不仅是知识的使用者，同时也应是知识的贡献者，并提出了一系列具体的行动计划，以增进对本土知识重要性的认识，更好地把本土知识整合进发展计划，提高发展援助的效益，特别是使穷人受益。世界银行的“本土知识与发展行动框架”，是一个重要的本土知识战略文件，标志着本土知识的保存和利用开始进入政策体系。在其基础上，世界银行出版了专门的本土知识杂志*IK Notes*，报道成功的本土方案以及失败的教训，以发挥本土知识在千年发展目标（Millennium Development Goals, MDGs）实现过程中的作用。*IK Notes*包括纸质版和网络版，支持英语、法语、葡萄牙语、斯瓦希里语、沃洛夫语等语言。*IK Notes*曾报道过大量的典型案例，例如，加纳如何利用传统司法系统减少或避免冲突，印度乡村妇女如何通过发展自身的能力而获得自我授权，塞内加尔青年如何提高他们的技能和竞争力，乌干达社区如何把传统和现代方法结合起来以减少产妇死亡率，黑非洲国家如何与传统医师合作提高艾滋病防控计划的有效性等。[②]

1998年，联合国教科文组织的社会转变管理计划（MOST）建立了“最佳的本土实践数据库”（Best Practices Database），为贫困地区的教

① H. Carlier, *Understanding Traditional Agriculture*, Leusden, The Netherlands, Information Centre for Low External Input Agricultural (ILEIA) , 1987.

② www.worldbank.org.cn.

育、社会发展、城市管理和本土知识应用提供优秀的参考案例。荷兰高等教育国际合作组织（Nuffic）在其所属的人力资源和制度发展部下专设了本土知识机构（Nuffic's IK Unit），该机构是重要的国际本土知识中心。在过去的十多年里，Nuffic着力建设本土知识应用的信息交换中心，在网上建立了本土知识通讯杂志*IKWW*（*Indigenous Knowledge World Wide*）和*IK Pages*，为发展专家和科学家提供丰富的本土知识资讯。多年来，MOST/Nuffic合作计划的数据库已搜集、鉴定、评选出大量的本土知识案例，其来源国有非洲的贝宁、布基纳法索、埃塞俄比亚、肯尼亚、尼日利亚、塞拉利昂、突尼斯等，亚洲的孟加拉国、中国、日本、印度、印尼、越南等，大洋洲的巴布亚新几内亚，美洲的玻利维亚、加拿大、墨西哥、秘鲁等，内容涉及农业经济、渔业、食品工业、灾害和污染防治、环境工程、生态学、教育发展、族群关系、城乡问题、水资源管理、制药学、社会服务等，关注最多的领域是资源保护和资源管理、文化多样性、粮食和食品安全、社区健康、社区参与等。该数据库是本土知识保存和利用的一个重要资源库。[①]

本土知识和实践兴起的又一个重大突破发生在医疗领域。1970年代末，在阿拉木图世卫组织国际健康大会（International Conference on Primary Health Care of WHO in Alma-Ala）上，传统医药的应用被列为“2000年全球健康”(Health for All by the Year 2000)的主要目标。原因是一些案例表明，传统医药系统能提供有效且成本更低的预防和治疗途径，并能改善医护人员与病人的关系。[②]在多方倡导下，本土医药知识和实践从底层进入到了一些国家的卫生系统之中，不仅促进了国家健康计划的实施，而且引起了商业界的关注，药物开发商越来越重视本土知识在制药领域中的潜在价值。例如，对传统兽医知识的研究，不仅丰富了危机管理的

---

① D.M.Warren,L.Jan,Slikkerveen,D.Brokensha, *The Cultural Dimension of Development*, Intermediate Technology Publications Ltd.,103—105 Southampton Row, London WC1B 4HH, UK, 1995,pp.464—474.

② A. Kleinman, “ Concepts of a Model for the Comparison of Medical Systems as Cultural Systems”, *Social Science and Medicine*, 1978,12 (2B), pp.85—93.

手段，而且促进了疫苗的研发。民族兽医知识包括与动物健康相关的信仰、技术、方法和实践，成为被学术界认可的研究领域，历史很短，1970年代中期尚属民族志和其他学科的副产品。①现代科学是根据病原信息对疾病进行分类的，传统方法则是基于临床症状的经验观察，或者是超自然的解释。为了有效防控地方病，兽医专家、传统医师首先需要把地方病的概念和实践从病原、诊断、治疗、预防等方面纳入西方科学术语范畴，以便于分类、描述、预防和治疗，这成为1980年代民族兽医学的主要任务，民族病原学和传统兽医技术与实践以及疫苗的生产、管理随之得到发展。②虽然传统兽医知识存在诸多不足，如制备和用药不方便，配料受季节限制，在缺乏必要社会控制条件的情况下对流行病的防控难以奏效，治疗不充分，甚至有副作用或致死等问题，但是，部分功效明显的民族兽医知识得到了广泛的应用，包括本土疫苗、瘟疫控制、基本的外科手术如阉割和分娩、激素失衡和生理功能紊乱的治疗方法等，特别是基于家庭、社区的危机管理模式以及传统医药植物的识别等，成为现代医学的重要补充和创新的源泉，使人们意识到，理解、尊重和应用本土兽医实践，不仅是促进社区发展的关键，而且也是促进医学发展的有效途径。③

总的来看，在过去的几十年里，在各种发展项目的实施过程中，西方技术转化到南方国家常常导致过度开发、资源耗竭、物种灭绝和发展崩溃的现象普遍存在。为寻求更加可持续的发展模式，人们把目光投向本土环境和文化的内容，把本土知识和技能带入了全球性的讨论之中，与本土知识系统和实践相关的文化多样性问题引起广泛的研究兴趣，科学家、人类学家、发展专家开展了越来越多的第三世界社会—经济发展项目，极大地

---

① C.M. McCorkle,“An Introduction to Ethnoveterinary Research and Development”, *Journal of Ethnobiology*, 1986,6(1),pp.129—149.

② I. Ohta, “Symptoms are Classified into Diagnostic Categories: Turkana’s View of Livestock Diseases’”, *African Study Monographs,* Supplementary Issue 3, 1984, pp.71—93.

③ C.M. McCorkle, “Veterinary Anthropology On the Small Ruminant CRSP/Peru”, in C.M. McCorkle (ed.) *The Social Science in International Agricultural Research: Lessons from the CRSPS*, Boulder, Co, Lynne Rienner Publishers, 1989.

丰富了理论界的认识，而且促进了关于本土知识的一些基本判断的形成。例如，本土知识是常识（commonsense knowledge）之一种，是人类基本特征不可或缺的构成要素，科学实践应包括这种常识；西方的和本土的知识都来自相同的一般的智慧生成程序——从无序中寻找出秩序，因此，应把“本土”（indigenous）与殖民时代形成的“原始”、“愚昧”、“落后”等概念区别开来，[①]以强调本土知识与社区发展、族群发展的关联性；价值、态度、生活方式与文化多样性和独特性，才是全球化背景中讨论本土知识的关键词；本土知识涉及不同的文化区，在本土术语下表达自己的文化遗产和传统，重新评价地方文化，推进再文化化（reculturation）和本土化进程（indigenization），理应得到广泛的支持,特别是官方的支持。在这样的基础上，1990年代后期，在一些国家政府、国际发展组织的重视和支持下，多种多样的本土知识资源中心在全球范围内成立起来，系统开展本土知识的研究、保护和利用。到2000年左右，全球主要的本土知识资源中心达数十个，八成以上分布在南方国家。[②]本土知识资源中心具有多方面的功能，如研究记录本土知识系统的方法学，承担本土知识的文档化，存储本土知识，建设、管理本土知识数据库，设计培训材料，帮助社区发展小规模农业，为发展实践者提供系统的本土知识信息资源保障等。南方国家拥有丰富的生物多样性和文化多样性资源，是研究、保护、利用本土知识的主战场。近年来，一些南方国家如印度、巴西、南非、乌干达等，把本土知识视为国家资源，成立了国家本土知识资源中心，制定了国家本土知识战略，通过记录、鉴定和评价本土知识，保护本国的本土知识产权，并为本国公民的知识生产和创新提供机制，直接服务于国家的发展。

---

① 如荷兰语中的inheems、inlands和英语中的primitive、native、aboriginal等。

② *Indigenous Knowledge and Development Monitor*, Volum 7. 1, Sue 3, November 1999. 2000年前后，全球主要的本土知识资源中心有37个。除4个设在欧洲、3个设在北美外，其余30个均分布在南方国家，占80%以上。其中，非洲有16个，约占43%；亚洲有10个，约占27%；拉美有4个，约占11%。

（四）

遗憾的是，殖民统治的阴霾和西方文化、经济力量的全球化，使本土知识普遍处于岌岌可危的状态之中。

语言是传递历史、文化传统、自然观、宇宙观的工具。文化特性的重要标志就是语言。本土语言的丧失，使本土文化失去了载体，必将加速本土知识的遗失。在多数情况下，本土语言很少得到法定的认可，常常被禁止在学校中使用。在新西兰，毛利人（Maori）学校的孩子讲其本民族语言的不到5%。在加拿大，过去禁止印第安人孩子在学校里使用其语言，甚至一度把本土孩子与其父母分离，以促进所谓的同化进程，造成了诸多心理和社会问题。印尼政府曾一度效仿这种过时的、错误的政策，把部落孩子从其家中转移，使孩子远离传统的生活方式。[①]当代，世界范围内的社会联系加强，现代技术把远距离的地区链接起来，全球化的力量正在向边远社区伸展，经济一体化的压力正在成为语言和文化同化的催化剂，最终必然导致本土语言的丢失。有研究认为，在未来的两百年内，50%~90%的语言将消亡。[②]失去语言多样性，本土知识必将随之消失。然而，全球化给本土语言带来的危害却没有得到足够的关注。

2003年12月在日内瓦召开的信息社会全球峰会上，本土人和信息社会全球论坛认为，本土知识的商业化正在使知识和责任受到威胁。因纽特极地联合会（Inuit Circumpolar Conference）副主席凡列特·福特（Violet Ford）代表加拿大、美国、格陵兰（丹）和俄罗斯15.5万因纽特人说，被历史地保存在本土生活方式和习惯法中的大部分因纽特文化，现已被商业拖入公共领域，政府和知识产权法律体系的反应远远滞后，无法提供合理、有力的保护措施。一些符号，如因纽特人传统妇女的服饰、用于航海的符号和器物，被大量拷贝作为商品销售。世界知识产权组织建议本土人与利用其资源者签订合同，但本土人普遍缺乏合同法知识和谈判的经验。

---

① J . Bruger , *Gaia Atlas of First Peoples: A Future for the Indigenous World*, Doubleday, New York, 1990, pp.122—124.

② V.M. Razak,"Can indigenous Cultures Survive the Future?", *Futures*, 35, 2003, pp.907—915 .

另外，本土文化符号和要素在商业化的过程中被错用，直接破坏了本土知识的真实内涵，这种现象也十分普遍。[①]

事实确实如此，大量本土知识已被外来的经济力量市场化，而本土社区却没有得到应有的经济回报。例如，生物多样性资源主要集中在南方国家，而发达国家拥有利用生物多样性资源的先进技术，依靠先进的生物技术，发达国家具备了使生物多样性资源商业化的能力，进而利用南方国家的生物资源创造财富。同时，发达国家发明了知识产权保护系统，对其相应的产品进行专利保护，使南方国家不能从中获益。在发达国家的财产权利体系下，南方国家在生物资源、知识及创新方面的损失越来越大。一项研究指出，世界医药市场上源自本土人发现的医药植物和药物市值每年达数百亿美元，但返给本土社区的回报不到其利润的万分之一。[②]这种局面严重挫伤了本土知识持有者和监护者的积极性，加剧了本来处于弱势的本土知识的消亡速度。

另外，全球化的基本取向与可持续发展的原则并非是一致的。全球化的基础国际市场的自由化，提倡打破国家的经济壁垒，国家应减少甚至消除对市场上的管制，即使在社会服务方面也应该最小限度地干预，强调自由市场的主体应拥有更高程度的权力和自由，公司在任何国家的交易和投资选择不应有任何限制条件。在环境问题上，全球化取向认定市场能解决所有问题，不仅会促进增长，而且也会促进对环境资源的保护，用不着对环境进行额外的干预或控制。可持续发展方式则基于寻求共识，兼顾所有国家的需要，强调北方应该帮助南方，关注对环境和发展的整合、统筹，以达致更大的社会公平，在全球范围内维护生产和消费的可持续性。总的来看，全球化方式普遍忽视了市场力量的限度和消极后果，较之全球化的强劲动力，可持续发展处于不利的地位，严重威胁着对资源的保护和管

---

① Marty Logan,"Culture: Global Systems Selling out Indigenous Knowledge-Forum", *Global Information Network*, New York: Dec. 12. 2003.

② L. Clarkson, M. Vern, G. Regallet, *Our Responsibility to the Seventh Generation: Indigenous Peoples and Sustainable Development*, International Institute for Sustainable Development, Winniptg, Canada,1992,pp.63—65.

理，本土知识资源将随之失去赖以生存的土壤。因此，如何在全球化和可持续发展之间达成平衡，是一个难题，如何解决这一难题，直接决定着本土知识的命运。不幸的是，以逐利为首要目标的全球化正在对本土知识构成威胁，甚至是破坏。[①]

（五）

那么，如何看待本土知识的当代处境呢？

历史和时代背景是既不可割裂更难以抹去的。正是殖民霸权的深刻烙印和去殖民化、发展、全球化多重力量的交响和变奏，赋予本土知识以复杂的内涵，使本土知识所承载的历史负荷和现实使命在发展实践中交织呈现。因此，正确把握本土知识在当代的兴起，应从南北关系的高度出发，深入剖析其赖以兴起的知识论背景、权力论背景和发展论背景。

首先，作为一种知识形态，本土知识是相对于科学知识而言的，因此，正确把握本土知识，需要考察本土知识与科学知识之间的差异与联系。

当代世界，科学知识支配着社会生活的各个方面。科学不具有文化相对性，也不存在与之相对应的西方本土文化，科学是全人类确定性知识的汇集和结晶。而本土知识则是特定人群长期适应生物、物理环境过程中历史地形成的实践性知识，具有明显的文化特异性。本土知识在人与环境之间建构起人类生态系统，使人与自然处于相对稳定和平衡之中。[②]文化总是被理解为一个整体，而本土知识即是文化中具有生存功效的部分。因此，本土知识和传统文化是不可分割的，广义讲，任何对一个特定群体的长期生存起作用的文化，都可能包含着知识的价值，并非只有科学才是唯一正确的知识。[③]关于本土知识合法性的争议，是全球化背景下南北差异

---

① Jekwu Ikeme, "Sustainable Development, Globalization and Africa: Plugging the Holes", *Africa Economic Analysis*, 2000.

② John W. Bennett, *The Ecological Transition: Cultural Anthropology and Human Adaptation*, New York: Pergamon, 1976.

③ Russel Barsh, "The Epistemology of Traditional Healing Systems", *Human Organization*, 1997.56 (1), pp.28—37.

的一个有趣的缩影，一直伴随着本土知识在当代兴起的整个历程。从辩证的观点看，本土知识和科学知识既存在根本性的差异，分属不同的知识方向，又相互联系，二者是互借、互补的关系。当前，在现代化进程中如何保存本土知识，真正挑战是如何构建一种辩证关系，使本土知识和现代科技知识不仅不是相互销蚀的，而且是相互丰富的。其实，在南方国家的发展实践中，科学与本土知识常常相遇在发展专家那里，二者的边界往往十分模糊。①

其次，本土知识在当代的兴起以殖民历史的结束为前提和起点。全面认识本土知识，需要关注殖民历史的影响，关注本土权力问题。

整个殖民时代，对殖民地的统治、管理都以军事力量为基础。这种管理形式形成了对本土民众的连续的压迫和剥削。所谓的殖民统治的双重性，本质上是服从殖民者的利益。无论是直接统治模式还是间接统治模式，结果总是殖民者为了自己的利益，不管本土人是否理解，带着欺骗和胁迫，诱签或迫签一系列协约，使本土传统社会政治结构被扭曲。②受这种外来统治系统的历史性压迫的影响，至今，很多本土民众仍处于不利的被边缘化的地位。③

在当代，世界经济已经进入了新的发展阶段，知识正在替代传统的驱动力（比如土地、劳动力和货币资本）而成为发展的根本性力量。当知识资本转化为经济增长的基础时，科学政策和产业政策便融为一体，知识产权便成了发展的核心要素。④但是，本土知识的知识产权保护问题却长期得不到有效的解决，根本原因仍然是数百年殖民历史所造成的南北力量的

① Eugene Hunn,"What is Traditional Ecological Knowledge?"in N. Williams and G. Baines (eds) *Traditional Ecological Knowledge: Wisdom for Sustainable Development*, Canberra: Centre for Resource and Environmental Studies, ANU, 1993, pp.13—15.

② J.H.Bodley, *Victims of Progress*, Mayfield Publishing, Mountain View , CA, 1990, p.153.

③ D. Werbner, quoted in: D.L. Hodgson,"Comparative Perspectives on the indigenous rights morement in Africa and Americas",*American Anthropologist*,2002,104(4), pp.1037—1049.

④ 亨利·埃茨科维茨、安德鲁·韦伯斯特：《作为知识财产的科学》，载于希拉·贾撒诺夫、杰拉尔德·马克尔、詹姆斯·彼得森、特雷费·平奇编，盛晓明、孟强、胡娟、陈蓉蓉译：《科学技术论手册》，北京理工大学出版社2004年版，第369页。

失衡。知识产权的竞争十分激烈，在这个竞争领域中，参与的不仅有科学家、公司和学术机构，而且还包括各种势力集团、政治家乃至整个国家，因此，知识的政治和伦理问题反映了富国和穷国之间全球性的经济差异，成了知识产权争论的核心之一，并在国家之间的贸易关系中显现出来。[①]西方科学参与财产的创造和分配早已经制度化了，但本土知识的情况远未达到这种状态，于是，关于本土知识的知识产权保护问题，南北争论一直十分尖锐，例如，当代制药企业基于商业模式分离和销售药用植物的活性成分时，应如何支付特许使用费给持有药用植物知识的本土医师或本土社区？外国公司如何获取这类专利？世界知识产权组织（WIPO）已开始就这类问题展开广泛的对话。

第三，当代发展一方面与知识的联系更加紧密，另一方面又体现着南方国家对权力的诉求。因此，发展是知识和权力的汇集点，是认识本土知识丰富内涵的根本所在。

随着自上而下发展方式的失败，本土最适的、廉价的、可操作的知识和技术不断得到挖掘，民族植物学在制药工业上价值的突显，本土环境智慧得到环境运动的肯定和强化，进一步促使人们从西方中心论、唯科学论、殖民话语霸权对边缘知识的否定中走出来，积极接受本土知识，特别重视本土知识在减贫、医疗和可持续发展方面的价值。但是，本土知识的研究虽然一直在参与（participation）、授权（empowerment）、自下而上（bottom up）和农民第一（farmer-first）的口号下展开，不过，在科学知识去背景化（decontextualization）理论指向的左右下，对本土知识深层内涵的理论研究在一定程度上被悬置起来，人们关注的主要是本土知识本身的内容信息及其在学术话语场中的符号意义，而不是本土民众的处境。因此，本土知识被重新发现、重新发明，有着各种各样的目的，需要加以深入研究和正确评价、引导，方能使本土知识真正成为发展的又一动力源泉。

---

① 亨利·埃茨科维茨、安德鲁·韦伯斯特：《作为知识财产的科学》，载于希拉·贾撒诺夫、杰拉尔德·马克尔、詹姆斯·彼得森、特雷费·平奇编，盛晓明、孟强、胡娟、陈蓉蓉译：《科学技术论手册》，北京理工大学出版社2004年版，第376页。

（六）

本土知识在当代的兴起，形成了一个宽广的话题领域，引发多方面的学理思考。例如：

其一，文化建构主义理论（cultural-constructivist theory）认为，虽然，相对来讲，知识是个体建构的，但一个人生到这个世界上，世界的知识已被社会组织如家庭、社区、族群或更大的文化圈建构了大半，因此，知识的个体建构与社会建构之间的辩证关系将永远存在；知识一词理性的含义，是真实性、必然性，但并非所有知识都具备这些性质，很多错误的知识只有被检验过才能被丢弃，即使通过了检验，知识仍然需不停地获取更多的真理内容。[①]也就是说，知识是由个体和社会共同建构的，而且建构的过程永不停息。那么，本土知识的建构过程是一个难以破解的谜：本土知识巨大的知识体是否可能埋藏在社区的风俗、习惯、仪式和社会制度之中，是否可能在缄默中将其处于动态之中的内容在代内、代际间传递下来？

其二，历史上去殖民化的主要时期是1950年代和1960年代，但是并没有产生真正的或事实上的去殖民化，帝国主义成了更加复杂的事物，殖民者被迫给予前殖民地一些表面上的自治和独立，同时，积极推进更加有效、更加明智的新殖民主义管理。本土知识蕴藏在地方传统文化之中，是一种整体性的知识，对本土知识实践的考察， 吸引学者们更加关注文化多样性，并力图借助多元文化论以消解殖民文化的中心地位，抵制西方的霸权和新殖民主义的泛起，但是，“文化”一方面成了发展计划执行的有用武器，另一方面，成败都可以归结到文化上去。那么，应如何在解构西方文化的同时，确立本土文化的知识基础呢？

其三，近年来，南方国家成为地区研究（area studies）的主要对象，如中东研究、非洲研究、东南亚研究等。地区研究的逻辑前提是，只要把握住地缘政治和对外政策的特征，伊朗、土耳其、埃及的逻辑联系就会在

---

① H.S.Bhola,“Reclaiming Old Heritage for Proclaiming Future History :The Knowledge-for-development Debate in African Contexts”, *Africa Today*, Bloomington, Fall 2002, Vol.49.Iss.3,3.

巨大的中东呈现出来，而不管他们的语言、宗教、民族和文化差异有多大。地区研究的特征就是地理的、区域的，必然走向多元文化主义（multi-culturalism），与本土知识联系在了一起。但是，多元文化的哲学指向是鼓励差异化，并以身份政治学（identity politics）为前哨栖身于去殖民化的中心，这与区域主流话语的同化作用是矛盾的。那么，地区研究与同时而至的多元文化主义反动，将产生怎样不同的身份要求呢？①

其四，本土知识往往被视为次品：其本体论是超自然的，包含着神秘的、宗教的和经验的内容；其认识论是文化编码的、朦胧的，更多的是回答是什么（what）和怎么样（how），而不是为什么（why），只能靠其有用性而得到证实；其内容是描述性的，十分宽泛，几乎涉及人的存在的方方面面，同时其范围又是狭窄的、地方化的，难以推广，即使被应用于新的场景，靠的也是隐喻（metaphor），而不是科学的演绎或因果链；其产生的过程包括启示、直觉、灵感和经验，具有无数的不确定因素。②总之，本土知识最大的不足就在其引以为豪的整体主义特性。一方面，整体的、有机的、以问题为中心的、以人为中心的视角，似乎对从历史到天文、生物、健康和农业等领域，都潜藏着累积性和特异性的贡献，另一方面，基于试错，缺乏分类学的逻辑建构，原因和效果链上动因的不确定，终使其成为一种不合格的科学。那么，在科学统领全球的背景下，本土知识何以能成为社区发展进程的动力组成呢？

其五，关于本土知识和科学知识的争议方兴未艾，由于立场不同，是非难辨。当然，讨论应是相互尊重的对话，孰优孰劣，应留给知识的使用者，留给社区在其存在的现实及其文化背景下加以判断。但是，学者只能袖手旁观吗？学术应如何帮助发问、辩驳、证实、整合、创造新的共同结

① Clarisa Bencomo and Elliott Colla, *Area Studies , Multiculturalism, and the Problems of Expert Knowledge*, http://americanstudies.bokee.com/index.html, 2008/01/24.

② Deepak Kumar Behera and Pietm A.Erasmus , "Sustainable Development of Indigenous Populations : Challenges Ahead", *South Africa Journal of Ethnology*,1999,22(1), pp.1—7.

构呢？[①]

事实上，本土知识研究涉及众多的学科领域，例如，作为一种独特的知识形态，如何对其进行分类和识别？如何在本土知识系统与现代科技知识系统之间建立连接？知识学、科学知识社会学、科学哲学、信息组织学、文化学等学科都在不同程度上涉及并关注这类问题；作为一种实践性的知识，如何对其进行有效的保护和利用？如何把本土知识整合进入发展计划？其间包含着很多问题值得农学、生态学、环境学、医学、发展学、经济学、教育学等学科领域的专家深入研究；作为南方国家重要的知识遗产和知识资本，如何寻找应对经济全球化、社会知识化、文化同一化、科技密集化挑战的本土方法？这是摆在南方国家学者面前的紧迫而又复杂的问题。同时，本土知识的研究牵涉到诸多深层的理论问题，如本土知识和现代知识整合的辩证法问题，界定传统文化遗产及其所承载着的知识的认识论问题，谁来捍卫本土文化权力的政治问题，殖民主义如何影响本土知识价值的历史问题，口传传统和本土知识怎样与穷人、边缘人、被排斥者联系起来的社会学问题，如何避免偏见、错觉的方法论问题，怎样保证弱者的知识不被剥夺的法律和伦理问题，等等。[②]从南北关系背景下知识、权力与发展的相互关联性这一角度来看，需要采用综合的、跨学科的方法来协调来自各学科的不同立场和见解，否则，将难以全面理解本土知识在当代的兴起何以不仅与一个个族群的民族理想及其未来相关，而且与全球的生态安全、粮食安全、社会安全相关，最终与南北差异相关联这一问题。

---

① U.Y. Mudimbe, T*he Invention of Africa: Gnosis, Philosophy, and the Order of Knowledge*, Bloomington, Indiana University Press,1988.

Oyekan Owomoyela,"With Friends Like These: A Critique of Pervasive Anti-Africanism in Current African Studies Epistemology and Methodology", *African Studies Review*, 1994.37(3),pp.77—101.

② H.S.Bhola," Reclaiming old heritage for Proclaiming future history :The Knowledge-for-development debate in African Contexts", *Africa Today*, Bloomington, Fall 2002,Vol.49.Iss.3,3.

（七）

我国有着悠久的文明史，生态多样性、文化多样性异彩纷呈，蕴藏着丰富的本土知识。科学史和民族植物学的研究广泛涉及本土知识，如气象学家竺可桢研究过中国古代的气候知识，地质学家李四光研究过历代地震知识，科学史家席泽宗研究过古代的天文知识，数学家吴文俊院士研究过古代的算学，民族植物学家裴盛基研究过少数民族的植物知识，等等。虽然，直到2001年，中文学术期刊上才出现"本土知识"一词，[①]迄今，以本土知识为题的文章不过十多篇，但是，本土知识的同义词"地方性知识"、"传统知识"越来越多地出现在民族学、人类学、民族植物学、农学、生态学、环境科学、文化学、知识产权保护等领域。

中华文明源远流长，历数千年而从未中断过，丰富的本土知识资源在其中起着重要的支撑作用，闻名遐迩的中医知识体系就是明证。但是，鸦片战争以来，对传统文化一浪又一浪的反思和批判，对西方文化一浪又一浪的膜拜和引进，使唯科学主义的影响不断升级，本土知识遭到长期的压制、破坏和遗弃。例如，直至今天，学术界依然存在否定中医的观点。[②]当代中国要实现科学发展，解决好十几亿人的生存和发展问题，特别是人口问题、资源问题、环境问题、三农问题、城镇化问题、自主知识创新问题等，同样需要在现代化进程中重视对本土知识的研究、保护和利用。从全球的角度看，中国是正在崛起的发展中大国，为世界提供公共产品的责任必将随着国力的不断增强而加重。在全球化时代，如何处理好南北关系，如何建构全球理性，既需要全球视角，也需要本土视角。近来全球热议"中国模式"，这是对中国发展成就的肯定，也是对中国全球责任的呼唤和期待。深入研究本土知识在当代兴起的背景、问题和意义，也是理解、丰富"中国模式"内涵的一种途径。

---

① 石中英：《本土知识与教育改革》，载于《教育研究》，2001年第8期。

② 王德春：《关注中医药发展中存在的问题》，载于《新华文摘》，2008年第2期。

一、本土知识概念[①]

界定本土知识概念存在诸多的困难，首先，殖民历史使本土知识概念卷入政治维度之中，其次，本土知识的文化多样性背景给定义本土知识带来技术上的困难，第三，多种表述并存的现象影响着对本土知识认识的统一。正确界定本土知识概念，应从知识、权力与发展相互关联的视角出发，反映出本土知识在当代兴起的历史根源、时代背景和应用价值。

① 张永宏：《本土知识概念的界定》，载于《思想战线》，2009年第2期。

一般认为，“本土”（indigenous）以祖先领地（ancestral territory）和共同文化（common culture）为核心内涵，这就把本土知识（indigenous knowledge, IK）概念植入了“本土”复杂的历史背景和文化多样性背景之中，难以简单界定。长期以来，对本土知识的把握，存在两种相反的取向，一是把本土知识概念泛化、政治化，一是忽视、压制本土知识，认为本土知识在科技时代已经死亡、终结。发展专家、学界大多走的是第三条道路，即主要是从肯定本土知识的实践价值出发，力图给出一个具有政治中立性的本土知识定义，然而，其所给出的定义不可避免地淡化了本土知识的权力维度，掩盖了本土知识的历史负荷。正确界定本土知识概念，应从知识、权力与发展相互关联的视角出发，反映出本土知识在当代兴起的历史根源、时代背景和应用价值。

（一）定义本土知识存在的主要困难和争议

由于受到殖民历史、去殖民化进程和本土知识自身所包含的多样性和复杂性的交互影响，导致对本土知识下定义存在诸多的困难和争议。

首先，本土知识与本土人的复杂关系使本土知识概念卷入政治维度之中。

虽然，有学者认为，本土知识并不以祖先的领地为界定要素，本土知识并未囿于本土人的知识，应把二者分开来考察。但是，为数不少的学者则认为，本土知识是本土人的知识，二者是分不开的。[①]近年来，后者的观点在西方学术界引起广泛而持久的讨论兴趣，“本土”、“本土人”、“本土知识”的关系不仅变得十分复杂，而且往往与政治、历史相联系。

1977年，本土人世界联合会（WCIP）认为，“本土人”所在的国家由不同的族群、种族组成，而他们是该地区最早幸存者的后代，并作为一个群体，没有控制其所在国的政权。1989年国际劳工组织（ILO）采纳的“本土和部落人169公约”指出，本土人是独立国家中的部族，其社会、

① Julian Burger, *Report from the Frontier: The State of the World's Indigenous Peoples*, Cambridge, MA, Cultural Survival Inc., 1987 ,pp.6—16.

文化、经济条件使其与国家的其他社会部分区别开来，其身份、地位、习惯和传统与国家的法律、法规的调节、控制完全或部分分离；在独立国家中，他们在殖民发生时和现国界确立时，是该国居住者的后代，或者其居住地是该国所属的地理区域，并在该地域保留了部分或全部社会、经济、文化和政治制度。①事实上，“本土人”有时又被叫做“第一人”，他们的祖先是在外界力量侵入之前生存在其土地上的最初居民。显然，“本土人”所包含着的空间（土地）和时间（历史）内涵，使“本土”具有了特殊的政治意义。有观点即认为，其一，“本土”一词的使用，涉及语义学、法律、政治和文化，无法避开政治立场问题；本土人是本土知识的创造者和生产者，界定本土身份与确立其知识的权力和利益是分不开的。其二，“本土”是相对的。确定本土，除非在同一地区可以明确区分原住民和外来民，如在亚洲和环地中海地区的伊斯兰世界，区分本土就十分困难；从操作层面看，定义谁是本土人，与相关的政治系统和政策有关，不同的国家可能有不同的尺度，不同的本土人也有不同的理解。大多数政府往往认为，贴着本土标签的人群，并不一定更具有本土性。其三，本土人以祖先的领地为主要尺度，殖民干预是认识“本土”的重要拐点。一般说来，由于受到西方殖民主义扩展和人类学传统的影响，本土人是指非西方人的现存后代。因此，谈论本土知识话题，就要深入批判殖民制度，正是殖民制度消除了知识选择的多种可能性，阻止了本土人或本土知识的辩护者接近学术权力的结构中心，即使仅仅是为了确定一个技术性的定义，也必须考察殖民占领的前后及长度，以及保持其特性不变的能力。②

其次，本土知识的文化多样性背景给定义本土知识带来技术上的困难。

后现代主义、文化研究和科学社会学包含着知识相对主义的成分，主

① Benedict Kingsbury, “Indigenous Peoples as an International Legal Concept”, In R.H. Barnes, Andrew Gray and Benedict Kingsbury (eds.) “Indigenous Peoples of Asia”, Ann Arbor: *Association for Asian Studies Monograph*, 1995, No. 48, pp. 13—34.

② Trevor W. Purcell, “Indigenous Knowledge and Applied Anthropology: Questions of Definition and Direction”, *Human Organization*, Fall 1998, 57(3), ABI/INFORM Global, p.258.

张本土知识和科学是平等的。虽然人类更多地依靠被技术专家证实了的、具有系统性和实用性的权威的文字知识，但是未知的边缘区域总是存在，专家知识和真实的世界图景，二者都必须被翻译和证诸本土制度，都必须依靠独立于规范的书本知识的个人智慧去加以认识。据此，有学者认为，在知识的确立过程中，对自然进行文化建构是必然的，因此，存在着各种各样的本土知识，以不同的程度接近真实的世界。但是，反对意见认为，一方面，在全球化背景下，全球和地方的差异正在变得模糊，跨文化话语的世界正在形成，那么区分地方性知识是否还有意义？另一方面，本土知识往往被外在的源于社会、经济和环境的利益所左右，如果“本土”成了把观察者与对象分离开的必要因素，就将直接限制西方科学理论作为认识和行动的次序化框架参数在发展上的有效应用。①

本土知识研究领域具有代表性的一种野心，是力图把本土知识发展成为“本土科学”，构建其理性知识或者是系统经验知识的知识基础。但是，在编码和记录本土知识时，往往导致与其发生的动因，产生、再生、转化的制度等最有效的因素相分离。当代的本土知识文献大量与其生成的文化割裂，关注其中的仪式、符号要素，却忽略了本土知识与生存文化的联系。这样，本土知识几乎被置于本土文化之外，导致了对本土知识如何运作和取得成功的错误理解。问题是，当本土知识与其独特的文化背景相脱离，是否还会有用？对此，“本土科学”显得束手无策。

总之，本土知识概念被其特有的文化多样性和复杂性引入了人类学的灌木丛和相对主义的争论之中，即使撇开殖民历史的影响不论，经历数世纪的武力或非武力迁徙，种族间通婚，文化同化，使对“本土”的识别在技术上尤为困难，导致界定本土知识也变得十分复杂和困难。

第三，多种表述并存的现象影响着对本土知识认识的统一。

本土知识最常用的英文表述是“indigenous knowledge”，但与

---

① Angela Cavender Wilson, “Reclaiming Our Humanity: Decolonization and the Recovery of Indigenous Knowledge”, in Devon Abbott Mihesuah and Angela Cavender Wilson (eds) *Indigenizing the Academy: Transforming Scholarship and Empowering Communities*, Lincoln: University of Nebraska Press, 2004.

之互用的词很多，常见的有："local knowledge"（地方性知识），"folk knowledge"（民间性知识），"native knowledge"（本地知识），"aboriginal knowledge"（土著知识），"traditional knowledge"(传统知识)等。一般认为，"indigenous knowledge"较全面地概括了本土知识的丰富内涵，但有反对意见认为，"indigenous"负载的精神内容过于复杂，不适于用以描述特定的知识类型，"native"和"aboriginal"同样如此；"tribal"则过多地限制和模糊了不同知识的政治条件，"folk"和"traditional"很少有精神性负载，尽管"folk"与居住地仍有着一定的联系；"traditional"似更可靠，更符合人类学传统。也有学者认为，自1980年代以来，"indigenous"一词日益广泛地被应用于指欠发达国家的本土人群，这一术语已含有土生土长、出生地的意思（native），但并未包含多少历史的参数，从这种背景看，可用民间性知识（folk knowledge）或地方性知识（local knowledge）代替。但是，有学者指出，所有这些术语都无法摆脱分离现代性和传统的二元主义，基于这样的观点，定义统一、一致的本土知识概念意义不大，关键是通过与现代知识的比照，把本土知识的特征概括出来，诸如地方性，习得性，经验性，试错性，非理论性，重复性，分散性，功能性，等等。一些人类学家则认为，用"本土视角"（indigenous perspective）一词，能更准确地表达出本土知识的特质，因为，其一，本土视角要求本土知识的研究和应用应依据本土习惯做法，在保持相对自治的基础上用历史和文化作为本土利益的代表。其二，本土视角是学术发展、人类学演进、更广的历史力量的汇合点，有助于塑造本土知识的方法论。①

总的来看，由于缺乏一致的诉求主题，所有关于本土知识的同族术语和概念具有很多认识论上的弱点，难以恰当处理好相关的历史和文化多样性背景问题。

---

① Paul D. Sillitoe, "The Development of Indigenous Knowledge: A New Applied Anthropology", *Current Anthropology*, 1998,39(2), pp.223—235.

(二)从本土知识的价值看本土知识的基本特征

知识是文化中比较明确、有用的部分。对本土知识的界定是在对本土知识实践价值的不断发现的过程中展开的。因此，从本土知识的实践价值入手，不仅是认识、理解、定义和运用本土知识的关键所在，而且也是正确把握本土知识的现实途径。

一般认为，本土知识的实践价值主要体现在以下一些方面。

第一，支持农业发展，提供粮食保障。现代农业需要不断输入新的种质以维护和改善农作物的品质，包括产量和抗病性能，而大量的新种质来源于地方性变种的繁育，这些变种及其培育知识千百年来一直被保存在传统社区之中。国际社会正在建立基因银行以保护地方变异和本土物种的基因信息，但保护遗传品质离开保护其相关的培育知识是行不通的，因为储存在种子银行里的种子和克隆系并不承载着如何培植的机制。同时，对于一些南方国家的贫困地区，本土知识是必不可少的生存手段。据世界农村发展基金会（RAFI）估计，如果没有通过植物、动物、昆虫、微生物和农业系统等方面的本土知识提供的食物保障，可能有2／3的世界人口无法生存。①

第二，维护生物多样性，有利于环境保护和可持续发展。世界大部分农作物多样性处在乡村农民的经营和管理之下，传统生态知识、地方自然资源管理系统长期对保护和可持续利用自然资源提供了更加有效的策略和环境效益。对依赖本土知识维持生计的地方社区，本土知识在开发地方生态系统以发展低投入的可持续农业，具有不可替代的作用。

第三，提供传统医疗手段。RAFI估计，大约有1／3的世界人口缺乏支付现代医药的基本能力，对这些人而言，享受现代医疗是不现实的。相反，传统医药具有广泛的有效性和可能的支付性，能使处在边远地区的大多数平民受益，估计约有80%的世界人口在不同程度上使用本土知识提供

① WZB,“ Issues in the Protection of Traditional Knowledge (TK)”, http://www.wzb.eum /ipr-dialogue/ argumentations/ tk/tk_problem_areas.htm.

的医疗手段。①

第四，有利于知识创新。近年来，本土知识被商业公司广泛利用以形成其产品和专利，促使很多国家意识到，生物多样性、本土知识及其相联系的可持续利用方式，是资源富集国比较优势的重要构成要素，能使其更有效地参与全球市场，跨越当前的贫困和资源被剥夺的处境。因此，人们日益认识到，本土知识并不是被动的、偶然的自然环境规律信息的集合，而是有组织的调查和发现的动力系统，是知识创新的重要路径。

因此，世界银行指出，首先，本土知识是发展的知识资本。可持续的社会、经济发展的构成要素是知识而不是资本，而本土知识是知识系统的基本组成部分，把发展体系建立在地方性知识之上是激活资本的第一步。其次，本土知识是穷人的社会资本。本土知识是投入生存斗争的主要资产，能有效为贫困地区的社区提供解决问题的策略，帮助形成环境和社会方面的地方理想和观念，在生产食品，维持环境条件，实现对自我生计的控制等方面发挥着基础性的作用。第三，本土知识是解决全球问题的知识财富。随着全球关联度的不断加深，保护本土知识财富，可以丰富全球社区的多样性和发展的文化内涵，在日益加速的全球化进程中促进全球环境的改善和贫困问题、灾害和族群冲突问题的解决，有利于全球健康、有序、和谐发展局面的建构。②

综合以上观点，从本土知识的实践价值来看，可以简要归纳出本土知识的一些基本的特征。

1. 本土知识具有地域性特征。本土知识是特定地理区域内原住民处理人与自然关系，创造生存手段，获取生存条件的知识。

2. 本土知识根植于原住民社区的社会理想和实践、制度、关系、习惯和器物文化之中，是传统文化的重要组成部分。

3. 本土知识特别与农业生产、人类健康、生物多样性保护、自然资源

① WZB," Issues in the Protection of Traditional Knowledge (TK)", http://www.wzb.eum /ıpr-dialogue/ argumentations/ tk/tk_problem_areas.htm.

② Word Bank, "Indigenous Knowledge for Development: A Framework for Action", www.worldbank.org /afr/ik/ikrept. pdf.

管理以及教育和知识创新密切相关，是贫困人群和非主流文化社区的主要财产。

那么，是否可以用这些特征定义本土知识呢？

（三）本土知识的几种主要定义及其存在的问题

本土知识的定义非常多，涉及该领域的主要论者，大多习惯于给出一个自己的工作性定义。迄今为止，尚没有一种定义为世人所广泛公认。主要的、较有影响的本土知识定义有以下几种。

钱伯斯（Chambers）的定义：本土知识以长期演化的传统实践为特征，是逐渐学习的结果，包括观察、试验和信息的代际传递。①

迈克柯克（Mc Corkle）的定义：任何人群在任何时代、任何地域中发展起来的，没有直接输入现代的、规范的、科学的体制和秩序的理论、信仰、实践和技术。②

沃伦（Warren）的定义：本土知识是特定的文化或社会中的独特知识，与源自大学、研究机构和私人企业形成的国际性知识系统不同，是本地社会关于农业、健康、食品供给、教育、自然资源管理以及许多其他行为的决策的判断基础。③

弗列文（Flavier）的定义：本土知识是一个社会促进交流和决策的信息基础。本土信息系统是动态的，不断受到内部创造力、试验及与外部系统的接触的影响。④

埃勒和哈里斯（Ellen & Harri）的定义：本土知识具有地方性，通过

---

① Chambers, *Rural Development: Putting the Last First*, Harlow, Longman, 1982,p.32.

② C. Mc Corkle, "Toward a Knowledge of Local Knowledge and its Importance for Agricultural RD&E (Agricultural Research, Development and Extension)", *Agriculture and Human Values*, Summer, 1989, p.6.

③ M.D. Warren, "IK, Biodiversity Conservation and Development: Keynote Address", *International Conference on Conservation of Biodiversity in Africa: Local Initiatives and Institutional Roles*, 30 Aug-3 Sep, Nairobi, Kenya,1992, p.15.

④ J.M. Flavier, et. al. "The Regional Program for the Promotion of IK in Asia", in D.M. Warren, *Dimension of Development: IK Systems*, London, Intermediate Technology Publications, 1995,p.480.

不断重复而习得，是一种心照不宣的、口传的、处于动态变化中的经验知识。①

路易斯特·格伦尼尔（Louist Grenier）的定义：特定的地理区域内依靠土地生存的本土人群围绕其特殊的生存条件发展起来的独特的、传统的、地方性的知识。本土知识系统的发展涵盖生活的所有方面，包括对自然环境的管理，与形成该知识系统的人的生存密切相关。本土知识系统是仔细观察、不断试错、代代相传的经验的积累。本土知识系统是动态的，新的知识不断加入。系统的创新来自内部，也来自对外部知识的内在化。②

联合国教科文组织（UNESCO）的定义：本土知识是乡村社区在农业、健康、食品供给、教育、自然资源管理和许多其他活动方面决策的基础。本土知识或多或少具有以下特征：地方性边界、特定区域的本土性；文化上和背景上的特性；非规范性；口传的，一般未被文本化描述；动态的和适应的；整体论的自然观；与世界范围内的许多人的生存和生计密切关联。③

国际乡村发展组织(IIRR)的定义：本土知识是由一个给定的社区中的人们长期发展起来的并将继续发展下去的知识。本土知识以经验为基础，常常经历了数世纪应用的检验，适应地方文化和环境，并处于动态和变革之中。④

世界银行（WB）的定义：本土知识，也被称作传统知识（traditional knowledge）或地方性知识（local knowledge），指在规范的教育系统以外发展起来的一大批知识和技术。本土知识嵌入在文化之中，具有区域和社

---

① R. Ellen and H.Harris,"Concepts of Indigenous Environmental Knowledge in Scientific and Development Studies Literature—A Critical Assessment," draft paper East-West Environmental Linkages Network Workshop3,Canterbury,1996.p.7.

② Louist Grenier, *Working with Indigenous Knowledge: A Guide for Researchers*, Ottawa: IDRC, 1998, p.3.

③ Karin Boven (Nuffic), Jun Morohashi (UNESCO/MOST), "Best Practices Using Indigenous Knowledge", www. Unesco. Org/most/bpindi.htm, www. nuffic. nl/ik-pages.

④ IIRR , *Recording and Using indigenous Knowledge: A Manual*, IIRR, Philippines, 1996.p.29

会的独特性。本土知识是穷人生存的重要资本，是社区在食品安全、人畜健康、教育和自然资源管理等方面的决策基础。①

可以看出，上述定义主要从本土知识的实践价值出发，重点集中在对本土知识特征的功能性概括上，普遍掩盖了本土知识的历史背景，即与殖民历史相关联的权力属性。

我国学者石中英认为，本土知识是一种地方性知识（local knowledge），一种整体性知识（holistic knowledge），一种被压迫的知识（subjugated knowledge），一种授权的知识（empowering knowledge），他给出的本土知识定义是：由本土人民在自己长期的生活和发展过程中所自主生产、享用和传递的知识体系，与本土人民的生存和发展环境及其历史密不可分，是本土人民的共同精神财富，是一度被侵略和压迫的本土人民实现独立自主和可持续发展的智力基础和力量源泉。”②这一定义强调了本土知识的权力属性，但却淡化了本土知识的根本特征，即与科学知识的本质差异性。

（四）知识、权力与发展相互关联视角下的本土知识概念

综上所述，界定本土知识存在诸多的困难和问题，显然，忽视本土知识在发展上的价值，是错误的；一味强调本土知识的权力维度，则只会陷入繁复的政治纷争之中，不利于揭示、聚焦本土知识的实践价值和基本特征；而以本土知识的基本特征代替定义，也是不够的，因为对多种多样的本土知识而言，再多的特征也很难例举完备。正确界定本土知识概念，应从知识、权力与发展相互关联的视角出发，反映出本土知识在当代兴起的历史根源、时代背景和应用价值。

从知识史的角度看，20世纪科学、哲学、科学知识社会学、科学技术论等的演进，为接纳和理解本土知识提供了一个知识多样性的理论背景和

---

① Word Bank,“Indigenous Knowledge for Development: A Framework for Action”, www.worldbank.org /afr/ik/ikrept.pdf.

② 石中英：《本土知识与教育改革》，载于《教育研究》，2001年第8期，第13页。

哲学基础，并因此深化了对本土知识和科学知识的区别与联系的认识：本土知识不仅有其存在的合理性、合法性，而且是科学知识的重要补充。近年来的本土知识实践表明，本土知识和科学知识既存在根本性的差异，分属不同的知识方向，又相互联系，二者是互借、互补的关系。本土知识与科技问题的多种现象直接联系在一起，并具有综合性和交叉性特点，能提供更理想的系统发展方案，有利于科技创新。

从权力论的角度看，二战后，前殖民地纷纷独立，殖民体系全面崩溃。随着去殖民化进程的发展，本土学者开始活跃起来，并逐渐获得了与西方主流话语交流、碰撞的机会和权力。进入1960、1970年代，以自由和民主价值为主调的学术环境在南北学术界形成，本土学者从反殖民情绪中逐渐走向成熟，开始在反思欧洲殖民历史中发挥变革性的作用。其中，本土学者把本土知识在当代的兴起与殖民历史、去殖民化运动紧密联系起来，反对西方殖民者知识范式的霸权，反对西方学术界对本土知识权力维度的消解。正是本土学者的自觉和崛起，凸显了本土知识的权力维度，他们甚至认为，离开本土授权，本土知识就不可能存在下去，围绕生活、土地、知识的斗争，是同样的斗争。①

从发展论的角度看，以布洛肯夏等1980年主编的《本土知识系统与发展》为标志，本土知识开始较为系统地进入发展领域。②到1990年代后期，一些重要的国际机构开始系统展开对本土知识的研究和应用，与此同时，南方国家建立了一批本土知识保护和发展的专门机构，本土知识全面进入全球发展视阈，其全球性的影响日益突出。之后，发展领域丰富的实践不断证明本土知识的合理性，使人们意识到本土知识在穷人减贫、乡村社区发展上的独特价值，本土知识系统因而发生了从表述行为文化到实践文化的转型，在农业、环境、医疗、教育、技术创新、管理、数学、天文学乃至国家建构等方面得到广泛应用。

---

① Leanne R. Simpson, “Anticolonial Strategies for the Recovery and Maintenance of Indigenous Knowledge”, *American Indian Quarterly*, Berkeley: Summer 2004, Vol. 28, Iss. 3/4, p.373.

② D.Brokensha, D.M.Warren and O.Werner(ed.), *Indigenous Knowledge Systems and Development*, Lanham, MD, University Press of America,1980.

从知识产权保护的角度看，本土知识产生的非系统方式，并不削弱其文化价值，也不削弱其技术性的价值，相反，近年来，本土知识被看做优秀的艺术、工艺、技术的源泉，特别在农业、医药领域日益发挥着重要的作用，产生了很多相关的专利。但是，目前保护本土知识的国际行动主要依据以下的四个国际协定：《生物多样性保护公约》、《食品和农业植物遗传资源国际协议》、《与贸易相关的知识产权协议》、《国际劳工组织169协定》，而这些制度始终不可能很好地保护本土知识，原因是本土知识不是个人所有或公司所有，而是集体所有；保护有时间界限，而本土知识是永久性的，代代相传；专利应有创新性和工业应用价值，而本土创新往往是一种非规范的增值。这种状况导致本土知识被商业公司大量掠夺。

因此，“本土”（indigenous）和“知识”（knowledge）在当代的连接，不仅指传统知识的内容和形式，而且与近代以来西方殖民扩张导致的知识、权力不对称，与南方国家的去殖民化运动，与后殖民时代、后冷战时代的发展、全球化进程等紧密联系在一起。考察本土知识在当代兴起的背景，可以得出以下基本的判断：其一，围绕本土知识的权力问题纠缠不休，有泛政治化的倾向，与当今世界和平、发展主题背道而驰，是没有前途的。其二，由于本土知识被大量侵权，南北关于本土知识产权的保护存在严重分歧，南方国家保护本土知识面临复杂的困难，因此，与本土知识相关的知识产权问题构成本土知识权力维度的核心内容。其三，从全球发展趋势来看，本土知识的合法性已被广泛接受，虽然其作用是有限的，但却是不可缺少的。发展需要本土知识，同时，发展为本土知识的新生创造了广阔的空间。

依据以上分析，把握本土知识，应从知识、权力与发展的相互关联的视角出发，把本土知识的基本特征、历史属性和价值结合起来：从基本特征看，本土知识是地方性知识，与普遍性的科学技术知识有着根本性的区别；从历史属性看，本土知识是一种被压迫的知识，与本土权力相联系；从价值角度看，本土知识是传统知识，是历史和传统文化价值观的反映，在发展上有着不可忽视的实践价值和理论意义。因此，界定本土知识，应包含地方性知识、被压迫的知识和传统知识三方面的内涵，以及三方面的相互关系，如下图所示。

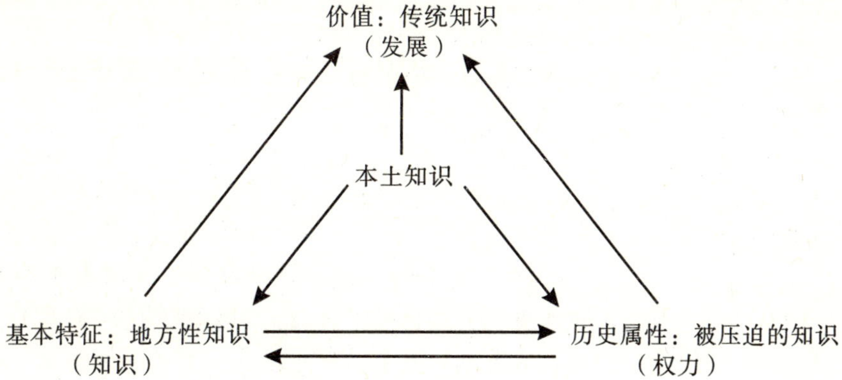

即本土知识是地方性知识，与源自大学、研究机构和私人企业形成的国际性知识不同，具有文化、社会、地域的独特性；本土知识是被压迫的知识，是后殖民时代被南北差距所唤醒的精神财富和智力资本；本土知识是传统知识，其有效性和经济性被长期的实践所证明，与农业生产、人类健康、生物多样性保护、自然资源管理以及教育和知识创新密切相关；本土知识的地方性和被压迫性相互联系，在发展实践中汇聚，共同决定着本土知识的价值边界。

二、本土知识在当代兴起的知识论背景

关于本土知识合法性的争议，伴随着本土知识在当代兴起的整个历程，从未停息过。事实上，知识自身的发展史为此提供了丰富的理论背景。首先，20世纪科学、哲学的发展，拓展了近代科学的经典范式，并确立了知识多样性的哲学基础。其次，科学知识社会学对科学的社会背景的还原，加深了科学与本土知识的联系。第三，本土知识进入当代视野，与人类学传统有着深刻的联系：早期人类学的人文反思为本土视角的出现、本土知识的再发现奠定了基础；战后人类学关注发展问题丰富了本土视角的内涵，照亮了本土知识的价值和意义；人类学文化研究的观点和方法形成本土知识的方法论基础，并使人类学成为沟通本土知识和科学知识的桥梁。

1960年代以来，本土知识在全球范围内兴起。关于本土知识合法性的争议，伴随着本土知识在当代兴起的整个历程，从未停息过。事实上，知识自身的发展史为此提供了丰富的理论背景，从这一背景加以考察，科学主义、科学相对论都具有局限性，知识的多样性不仅是合法的，而且是有益于人类发展的，关键在于正确辨析和处理科学知识与本土知识之间的关系。从知识史的角度分析，20世纪科学、哲学、社会学、人类学等的演进，为接纳和理解本土知识提供了一个丰富的知识论背景，并因此深化了对本土知识的认识。

（一）哲学背景

1905年3月、5月和6月，爱因斯坦先后发表了关于量子论、布朗运动和狭义相对论的三篇论文，使光的波粒二相性、分子的存在和物质的时空关系得到理论上的揭示，奠定了量子力学的基础，动摇了牛顿力学一统天下的地位，继而掀开了20世纪知识冒险的序幕，为知识范式的拓展打开了大门。①首先，物理学是近现代科学的基础，但其内部却充满着对立和矛盾。现代物理学依赖的两大支柱，一是爱因斯坦的相对论，一是量子力学，分别为人类认识宇宙提供了宏观和微观的理论框架。但这两大理论支柱是不相容的，“它们不可能都是正确的”。②爱因斯坦用尽其生命中最后的30年，致力于统一场的探索，最终是失败的。科学内部的矛盾性，是否预示着科学同样存在多样性呢？其次，19世纪以来，科学支持着技术和工业飞速发展，创造了空前的人间奇迹，但“它对人类文化的负面影响日益明显，人口问题、能源问题、核扩散问题、环境问题、生物多样性和文化多样性问题，均与科技的发展密切相关”。③1995年以来，互联网极大地推动了知识的生产和传播的速度、规模，也创造了一个无所不包的迷幻的虚拟世界，其巨大的价值和潜在的危险性、破坏力同时显现。科学外部

① 彼德·沃森著，朱进东、陆月宏、胡发丽译：《20世纪思想史》，上海译文出版社2005年版，第105—108页。

② B.格林著，李泳译：《宇宙的琴弦》，湖南科学技术出版社2002年版，第3页。

③ 吴国盛：《科学的历程》（第二版），北京大学出版社2002年版，第552页。

效应的两面性，是否昭示人们有必要重新界定科学的边界？第三，新兴的系统科学、非线性科学、生态科学，正在改变着古典科学的还原论、原子论、决定论，“向古典科学发起了根本性的挑战”。[①]到20世纪的最后10年，在原子和亚原子领域的科学发现，正在改变该世纪初开始的量子机制引发的认识倾向，动摇了物理学家对亚原子世界和显微世界物理现象的精密属性的自信，关于宇宙及其运动的较早预言，已处于防御状态，[②]“整体的观念、非还原的观念、非决定论的观念、复杂性观念、不可逆的观念被突出出来，与自然界生命的原则、有机的原则相衔接”。[③]新兴科学对整体论的垂青，是否预示着科学正在回归文化背景？第四，在科学事业的核心部位，一直存在着一种欲望，即用逻辑术语预言，或在物性参量的范围内，预见实验室的实验、行星的运动、地质构成以及各种自然、社会现象的趋势或倾向，对一些学者而言，解释和预测实际是平行的，并且，科学的事业必须进行预测，以便为正在进行的研究提供指导，并奠定未来研究项目的基础。[④]然而，面对超复杂的社会系统、精神系统，科学要践履其预测的使命，开放思想不仅构成了科学事业的重要特征，而且正在打开一扇科学以外的世界图景。这种开放性的指向，是否预示着所谓的科学的发展状态，不过是一种独特的现象？

早在1960年代早期，实证主义和建构主义间的范式讨论即趋向于整合。玻哈拉（Bhola）的实践认识论（practical epistemology）认为，全面的认识应是三种思想范式的组合：由系统思想形成的认识三角，建构主义思想和辩证思想。[⑤]他所说的认识三角包括理解、阐述和干涉以及相应的研究、发展和传播，带有明显的知识相对论色彩，应用于科学是不正确的，

① 吴国盛：《科学的历程》（第二版），北京大学出版社2002年版，第553页。

②Gloria Thomas-Emeagwali, *African Systems of Science / Technology and Art*, Karnak House,1993. pp.9—10.

③ 吴国盛：《科学的历程》（第二版），北京大学出版社2002年版，第553页。

④ Gloria Thomas-Emeagwali,*African Systems of Science / Technology and Art*,Karnak House,1993. pp.9—10.

⑤ H.S. Bhola,“Between Limits of Rationality and Possibilities of Praxis :Purposive Action From the Heart of an Epistemic Triangle”, Entrepreneurship , *Innovation and Change*,1996,5(1): pp.33—47.

但是，这一理论案例提醒人们，科学绝不是唯一值得拥有的知识形式，因为科学是不够用的。其实，20世纪知识论的一个重要走向，就是力图为科学以外的知识形态确立理解的原则。

精神病学家M.福柯通过对公共机构的历史的考察，质疑启蒙运动以来的“话语规则、经济理性的规则、社会行为的规则”等“存在规则”的“规训”，探索知识被建构起来的方式是怎样反映社会中的权力结构这一核心问题，指出，长期以来，“我们屈从于权力对于真理的制造”。他的《知识考古学》，着力去重构“被埋葬了的”知识，反抗人文学科科学化造成的标准化压力，甚至反对传统的理性逻辑。①

德里达深入研究和批判了人类学家列维–斯特劳斯的文本，创造了被称之为“解构”的方法，成为后现代观点和意识中的一个重要因素。德里达认为，“存在多少个读者就存在多少种有关文本的解读方法”，因此，“真理是多重的”。②

J.哈贝马斯对科学进行了猛烈的攻击，指出，“把人类的社会生活当作一门等同于自然科学的科学来研究”是错误的，因为没有任何一门自然科学能解释人及人类社会的一切，“世上不存在一种所有知识都能套入其中的单一模式”。哈贝马斯认为，知识具有解放性：“人类对于他们行为的根源和行为卷入其中的社会制度理解得越多，就越有可能从以前的限制中摆脱出来。”他提出了著名的知识三分的观点（见下表），把知识与权力之间联系的理解提高到知识的最具解放性的层面加以考察，认为，“知识和理性向来为一切社会的权力关系所伪造和调和——知识、解释和理解总是服务于一个目的”。因此，正如康德所说，“不存在纯粹的理性”，同样，也“不存在纯粹的知识”。③

---

① 彼德·沃森著，朱进东、陆月宏、胡发丽译：《20世纪思想史》，上海译文出版社2005年版，第730—732页。

② 彼德•沃森著，朱进东、陆月宏、胡发丽译：《20世纪思想史》，上海译文出版社2005年版，第733—735页。

③ 彼德·沃森著，朱进东、陆月宏、胡发丽译：《20世纪思想史》，上海译文出版社2005年版，第736—737页。

	人类社会方面	知识建构的旨趣	研究类型
硬科学	劳动	预测和控制	经验分析科学
精神分析学和哲学	互动	对意义的理解	历史—解释学学科
思想批判理论	统治（权力）	解放	批判理论

到1970年代末，“对科学的批判、对科学方法的批判和对作为一种知识系统的科学的批判，业已成为后现代思想中的一个中心话题”。J-F.利奥塔的《后现代状况——关于知识的报告》一书，考察了科学知识与其他知识种类的区别以及科学的影响，指出，科学知识是仅有的知识形式这种看法是错误的，事实上，存在着更为重要的知识形式，即“有关自我的知识”。这种自我的知识形式荷载着历史和叙述，是科学所不能接近的。利奥塔认为，传统的科学方法发端于19世纪的柏林大学，自那以后，“科学本质上就是大学的孩子”，并从其技术应用的成功中获得权力和合法性，其发展主要靠政府来资助，因此，科学知识导致了“专家暴政”，这是科学知识“地位高于其他知识的原因”。[①]

C.吉尔兹在1970年代和1980年代的几部著作中指出，“我们仅仅可能拥有‘地方性知识’，植根于空间和时间中的知识”，因此，“对于其他的文化和社会，理应放在其特定背景中去理解，而非放在我们（西方）的背景中”。[②]他认为，“世界乃是一个充满多样性的地方”，而西方思想一直以“猎取普遍性”为鹄的，这“成为西方科学的模式和‘真理’的西方内涵”。他致力于世界文化的“深”的和“浅”的解释，“力图以这种文化自身的方式理解它的符号、象征和习俗”，认为，“每一个人都有属于他自己的深度”，“一旦我们接受了人和传统之间‘差异性的深度’”，“将来的生活将会由各种活泼的方言构成，而非‘软弱的普遍性’，这便是‘人类的对话’得以延续的方式”。吉尔兹

① 彼德·沃森著，朱进东、陆月宏、胡发丽译：《20世纪思想史》，上海译文出版社2005年版，第777—779页。

② 彼德·沃森著，朱进东、陆月宏、胡发丽译：《20世纪思想史》，上海译文出版社2005年版，第782页。

研究了巴厘岛斗鸡、巴厘岛人取名的方式、意大利的文艺复兴画家、北非的法律，以及具有伊斯兰教色彩的部落实践，认为这些行为“在西方并无合适的等价物”。①

20世纪50年代，被称为认识论的基础主义的逻辑实证主义受到挑战。自波普的批判理性主义之后，“理性被视为依赖于语境并由历史所决定”。维特根斯坦的语言游戏的哲学、库恩的范式革命与不可通约性理论、奎因的整体论、罗蒂的实用主义等，集中指向科学的不统一性，反对权威，“质疑已经确定的知识和价值”，提倡“地域主义的案例分析”，认为存在多种科学，“西方的或‘第一世界的科学’，不过是众多科学中的一种”。科学是“一组复杂的多层次实践，而不是一组系统的陈述”，宏观的元叙事不能包含更不能代替地域叙事。在这种整体思潮的影响下，费耶阿本德认为，“上帝、圣人、魔鬼、灵魂与具有中心化的结构空间，在接受其途径的方式中扮演着同样重要的角色。以至于就这方面而言，他们应该与今天所假设的基本粒子一样真实”。科学哲学家库恩和费耶阿本德的相对主义，把“‘知识的科学’（science as a knowledge）转向作为‘实践的科学’（science as a practice）”，把“信念、价值和技术捏为一个范式整体”，“用历史主义的方法拓展了科学的背景”，甚至力图“以社会学取代认识论”。②

综上所述，20世纪科学自身的发展，拓展了科学知识观的传统范式；1970年代以来，福柯、德里达、库恩、费耶阿本德等对知识的反思，创立了知识多样性的哲学基础，使本土知识的讨论成为可能。

（二）科学知识社会学背景

到1990年代中期，“科学的社会研究与人类学、后现代主义、女权主义、后殖民主义、文学理论、地理学和环境保护主义之间的相互交流带来

① 彼德·沃森著，朱进东、陆月宏、胡发丽译：《20世纪思想史》，上海译文出版社2005年版，第785—786页。

② 蔡仲：《后现代相对主义与反科学思潮——科学、修饰与权力》，南京大学出版社2004年版，第100—123页。

了新的洞察力”，跨文化研究日益受到关注。跨文化研究的理论前提是，“不同文化在不同时期创造出来的理解自然界的方式，应该在平等的基础上作为知识体系来加以比较”；其主要研究对象是，不同文化情境中的知识体系的运作及其所具有的知识论、本体论和方法论特征，强调把科学理解为社会行动。实际上，跨文化研究是把地方性的创新认定为是科学知识的潜在基础，并力图在对知识体系的运作过程的考察中，使“知识体系之内/之间的权力关系”得到更为清晰的呈现。[①]

在跨文化研究的促动下，科学知识社会学迅速发展起来。科学知识社会学认为，第一，科学文化同样具有高度异质性。科学理论本身就是异质的地方性实践的聚合体，汇聚所有行动和关于研究工作的高端产品：“方法、策略、技术、约定”。“其根源是如此的多样，以至于拉图尔用‘黑箱’（black box）一词来称谓它。”从这种异质的背景出发，科学实现了一种独特的功能，即制造出具有表象性的总体化理论，并被西方文化用以提高和强化自身的地位，为剥夺他人的行为做出辩护。“对于科学的客观性——哈拉维称之为是‘上帝的骗局’：物理学不过是意识形态辩护中的一部分；认为存在着某种有关事物的中立的视角，无疑是一种幻想。罗蒂等思想家们在很大程度上已经颠覆了对表象的执著，他们发现，理论在实践的层面上也是有欠缺的：分析性研究和经验研究表明，理论没有也不可能指导实验研究；指导研究这样一个整体化的宏大理论的概念也是与利施塔尔所谓的科学社会学的关键性发现格格不入的：‘共识对于合作和成功的研究活动来说都不是必要的’。”在利施塔尔看来，“科学理论的建立具有很强的异质性：不同的视角都被不断地引证并加以协调。科学共同体的每一个行动者、场所或统合都有一个视角，而任何视角都是由地方性的信念、实践、常量和资源组成的局部真理，能在所有场所中都得到充分证实的东西是没有的，然而，统合所有的视角恰恰在此时构成科学强势的依据。”“对于任何一种强势的理论来说，可塑性和连贯性都是必

① 希拉·贾撒诺夫、杰拉尔德·马克尔、詹姆斯·彼得森、特雷费·平奇编，盛晓明、孟强、胡娟、陈蓉蓉译：《科学技术论手册》，北京理工大学出版社2004年版，第89—90页。

需的。在这里，可塑性意味着理论具有适应不同的地方性环境的能力，能满足地方性系统在异质性上的要求，连贯性意味着理论虽然包容了各种地方性的环境因素，但仍能够保持显著的同一性。”[①]第二，在科学社会学看来，数字是一种社会现象。定量方法用出乎意料的方式把日常说话实践和物质实践编织在一起。因此，“跨文化的张力让我们看到，数字和定量化是三组异质性实践的‘凝固聚合体’：语言的指称实践，统合事物的物质实践，以及以手指和脚趾的语言类比为计算单元的实践。数字使得其他的成就变得可能了：它是一门‘技术’。”[②]第三，知识的地方性和普遍性之间存在张力，“为了让所有的知识体系都能发出自己的声音，为了能够进行跨文化的比较和批判，必须保持地方性和普遍性相互对立的辩证位置（赛义德）”。[③]科学知识社会学不仅强调科学中的地方性因素，甚至认为，“所有的知识体系本质上都是地方性的，都是建立在别人的前期劳动基础上的集体实践的产物”。[④]第四，科学知识社会学认为，知识涉及权力概念：权力是策略性的，并且参与了意义的构成。在这里，权力与知识的关系被理解为一种对话语与表象、规训与反抗的物质、社会和文字实践的介入。科学知识社会学选取的案例表明，是“支持中央权力的技术”推动了知识的体系化。“在构成知识体系的过程中，技术在地方性的层次上规训着生活。人们所从事的微观权力实践在性质上是不同的，这些‘技术’使地方性和普遍性之间不同程度的‘磋商’成为可能。”[⑤]在吉尔兹看来，“文化的意义不能从普遍的层面上去理解，因为它们来源于符号在

---

① 希拉·贾撒诺夫、杰拉尔德·马克尔、詹姆斯·彼得森、特雷费·平奇编，盛晓明、孟强、胡娟、陈蓉蓉译：《科学技术论手册》，北京理工大学出版社2004年版，第98—99页。

② 希拉·贾撒诺夫、杰拉尔德·马克尔、詹姆斯·彼得森、特雷费·平奇编，盛晓明、孟强、胡娟、陈蓉蓉译：《科学技术论手册》，北京理工大学出版社2004年版，第101页。

③ 希拉·贾撒诺夫、杰拉尔德·马克尔、詹姆斯·彼得森、特雷费·平奇编，盛晓明、孟强、胡娟、陈蓉蓉译：《科学技术论手册》，北京理工大学出版社2004年版，第106—107页。

④ 希拉·贾撒诺夫、杰拉尔德·马克尔、詹姆斯·彼得森、特雷费·平奇编，盛晓明、孟强、胡娟、陈蓉蓉译：《科学技术论手册》，北京理工大学出版社2004年版，第92页。

⑤ 希拉·贾撒诺夫、杰拉尔德·马克尔、詹姆斯·彼得森、特雷费·平奇编，盛晓明、孟强、胡娟、陈蓉蓉译：《科学技术论手册》，北京理工大学出版社2004年版，第98页。

特定的地方情境中复杂的组织结构，揭露普遍性话语中的权力结构的方式是把它与地方性知识相对照，因此，知识体系相互毗连和重叠的地方就是文化冲突的场所；边缘群体在这些地方性场合中的集体反抗是对权力分布的挑战，能增进自由，并能使我们在如何生活的问题上有更大的选择空间。”①福柯指出，我们“正在见证着受压迫的知识发起的叛乱”。②当然，科学知识社会学不是一味主张知识的自由化，而认为“不加约束的文化相对主义反过来只会使少数群体膨胀，只会带来教条式的氏族主义”；问题的关键是，“用什么类型的政治学来刻画知识体系”，“以恰当地推断出关联形式以及它们所产生的权力关系，从而为寻找重构的途径提供可能性”。③其实，早在20世纪上半叶，人文主义者就对实证主义知识观提出了质疑，科学人文主义的首倡者乔治·萨顿即主张，科学与历史、时代精神以及个人存在、思考之间有着不可分割的依存关系。④在人文主义者看来，第一，本土知识是知识之根。第二，本土知识和西方知识间的界线并不清晰，二者的实质区别取决于如何定义科学方法和科学目的。第三，本土知识包含着丰富的人文内涵，是全面发展不可或缺的知识资源。⑤

总之，在对西方确立的“科学”是衡量所有其他知识的标准这一思想程序的反思过程中，地方性得到了前所未有的强调，把科学知识社会学推入了“后范式”阶段，其目标是寻找不同的知识体系能够相互质询的途径，并认为这是蓄积科学的社会研究的力量并避免反思性困境的必由

---

① 希拉·贾撒诺夫、杰拉尔德·马克尔、詹姆斯·彼得森、特雷费·平奇编，盛晓明、孟强、胡娟、陈蓉蓉译：《科学技术论手册》，北京理工大学出版社2004年版。第106页。

② 希拉·贾撒诺夫、杰拉尔德·马克尔、詹姆斯·彼得森、特雷费·平奇编，盛晓明、孟强、胡娟、陈蓉蓉译：《科学技术论手册》，北京理工大学出版社2004年版，第106页。

③ 希拉·贾撒诺夫、杰拉尔德·马克尔、詹姆斯·彼得森、特雷费·平奇编，盛晓明、孟强、胡娟、陈蓉蓉译：《科学技术论手册》，北京理工大学出版社2004年版，第107页。

④ 乔治·萨顿著，陈恒六等译：《科学史和新人文主义》，华夏出版社1989年版。

⑤ Ole Henrik Magga,“Indegenous Knowledge Systems-The True Roots of Humanism”, IFLA World Library and Information. http://www.ifla.org/IV/ifla71/programme.htm. Congress Oslo,14-18 August 2005. 2007-03-18.

之路。[1]科学知识社会学把科学还原到知识的层次，进而还原到文化的层次，虽然消解了科学的权威性，但却为知识的多样性、本土知识的合法性开辟了前进的道路。

（三）人类学传统[2]

本土知识进入当代视野，与人类学传统有着深刻的联系。人类学以文化为主要研究对象，经历了学科内部的人文主义批判（the humanist critique）、战后对发展问题的深切关注两个转折，为本土视角的产生及其内涵的丰富奠定了认识论基础；人类学的基本观点和方法，如文化相对论（theory of cultural relativity）、田野调查（field investigation）、本位视角（emic perspective）等，为本土知识研究提供了方法论基础；同时，人类学在西方文明和本土文化的碰撞过程中，发挥着沟通本土知识和科学知识的桥梁作用。正是人类学发展历程中的这些重要贡献，使得本土知识的再发现成为可能，并为本土知识价值和意义的彰显铺平了道路。

早期人类学的人文反思为本土视角的出现、本土知识的再发现奠定了基础

人类学的早期形态是应用人类学。应用人类学经历了从服务殖民统治到以人文主义视角关注本土社会的转变过程。

欧洲训练"实践型人类学家"（practitioner anthropologists）和美国政策研究机构雇佣人类学家，是人类学知识被有组织地应用于社会实践的开端。早期应用人类学把培养殖民官员作为主要任务，直接服务于英国、法国、美国、荷兰、比利时等国对亚洲、非洲的殖民掠夺和统治，大西洋两岸的人类学家都积极效力于西方主流文化对边缘文化的控制这一目的。[3] 1801年杰姆斯·霍维森（James Howison，Asiatic Society成员）的《马来语

---

① 希拉·贾撒诺夫、杰拉尔德·马克尔、詹姆斯·彼得森、特雷费·平奇编，盛晓明、孟强、胡娟、陈蓉蓉译：《科学技术论手册》，北京理工大学出版社2004年版，第89—108页。

② 张永宏：《本土知识与人类学传统》，载于《广西民族研究》，2009年第2期。

③ Trevor W. Purcell, "Indigenous Knowledge and Applied Anthropology: Questions of Definition and Direction", *Human Organization*, ABI/INFORM Global, 57(3), pp.258—272, Fall 1998.

词典》（*Dictionary of Malay Tongue*），是最早的应用人类学项目之一，其明确的目的就是把促进与马来人的交流看做是一项为促进殖民贸易服务的重要手段。①

从学科内部看，早期人类学基本的目的主要是为了理解不同的族群，如文化进化的问题，社会制度的平等待遇，种族等级制度的诠释，等等，其显著特征是对科学实证主义的盲从。人类学家往往照搬自然科学的理念和方法处理文化和社会，把观察者和观察对象严格分开，对诸如仪式和信仰在调节家庭关系和财产权方面的作用等实践主题产生广泛的兴趣。这使早期的人类学家持一种非常乐观的观点，他们跟在殖民统治者、传教士和各种各样的欧洲冒险家屁股后面，确信他们的立场是处于存在之链的进化的顶端，在他们看来，欧洲以外的世界尚处在正在演化的“婴儿”阶段，这些人类“婴儿”们的知识、思想、自我情感不能被置于欧洲认识论的同一个平台之上加以审视。②可以看出，殖民主义的地缘政治权力关系，深刻地影响着早期人类学家的认识论。

但是，关于人类学的价值取向，人类学家的观点发生了分野。一种趋向人文主义的研究立场从完全服务于雇主的意识形态和政治经济目标中逐渐确立起来，促使很多人类学家掉转头来批评殖民主义。一些社会人类学家反对殖民者在土地和人力利用方面的立场，以及对当地习惯的不尊重，种下了应用人类学的人文主义种子，为本土视角（indigenous perspective）的出现奠定了基础。马林诺夫斯基（Malinowski）观点的转变，即是一个典型的例子。

马林诺夫斯基曾号召实践人类学应参与殖民控制，他认为，关于殖民者和被殖民者的文化的知识，通过相互理解，能创造更加优越的殖民体系；他把人类学看做是人的科学，如同物理学和地质学在工程上的作用一样，人类学对于社会有着同样的潜能。随着研究的深入，他对殖民主义

① Raymond Firth," Engagement and Detachment, Reflections on Applied Social Anthropology to Social Affairs", *Human organization*, 1981,40(3), p.194.

② Kathleen Gough, " Anthropology: Child of Imperialism", *Monthly Review*, 1974,19 (11),pp.12—27.

的不满开始发展起来，甚至包括对整个西方的知识大厦——科学提出了质疑。他提出了应同时研究白种人的野蛮性的论断，由此引发了对应用人类学的批评和反思。他在1930年的一篇题为《人类学和管理的理性化》（*The Rationalization of Anthropology and Administration*）的文章中，开头即写道，“科学是我们时代最讨厌的事和最大的灾难，它使我们变成了机器人，变成一个巨大的机器上标准化的、可交换的部件，科学以一种不可思议的完全的穿透力彻底改变了我们内在的自我。”[①]马林诺夫斯基认为，人类学如果对人的研究完全理性化，那么即去除了人性的本质，如同科学正在抹杀着世界的自然面貌一样。基于这样的认识，马林诺夫斯基把实践和理论进行了专业化的综合，形成了基于自然需求的功能主义理论，并以此号召人们揭穿对殖民官员进行人类学培训的本质。马林诺夫斯基认为，进化论为殖民主义掠夺提供了理论基础，因此，应反对以进化理论为基础的人类学，应根据民族志知识重构本土科学的前殖民形态。[②]

美国文化人类学署（Bureau of American Ethnology，BAE）同样孕育过这种转变。BAE是美国政府建立的第一个人类学机构，本土人和白人之间不断增长的冲突是其成立的背景。至1870年代，土地权力丧失正威胁着美国本土人的存在。当时，鲍威尔（Powell）告诉国会，“现在已没有地方安置印第安人……他们就在我们当中，我们要么保护他们，要么就毁灭他们。”BAE早期的观点是同化本土人，其保护美洲印第安人，主要是从人类学家的殖民主义观念出发，而不是考虑美洲印第安人自身的保护需要。在摩尔根（Lewis Henry Morgan）进化人类学派和基督教人道主义（Christian humanitarianism）的影响下，BAE的人类学家认为，虽然土著似乎自私，对外来带有敌意，但异教的、未开化的美洲印第安人必将进入一个文明化、基督教化过程；同时，借助上帝的智慧，这一过程必将有助于净化白人观察者的无知和偏见。1897年，BAE人类学家卡什（Frank

---

① Bronislaw Malinowski,“The Rationalization of Anthropology and Administration”, *Africa*, 1930,3 (4), pp. 405—406.

② Trevor W. Purcell, “Indigenous Knowledge and Applied Anthropology: Questions of Definition and Direction”, *Human Organization*, ABI/INFORM Global Fall 1998, 57(3), pp.258—272,

Hamilton Cushing）在一篇题为《为教育印第安人，应当研究印第安人》的报告中说，要让本土人明白他们何以是他们自己，然后学习如何使他们不同于他们自己。1898年美西战争后，为获取前西班牙领地，BAE开始关注白人与黑人、土著印第安人、亚洲人的通婚问题，不同种族的资质、社会福利问题引起了广泛的注意。博厄斯（Franz Boas）首先直面白人至上主义失落的情绪，指出，决定人类行为差异的因素是文化，而不是基因；是培养，而不是天资。①

总的看来，虽然，早期奉行殖民主义、科学人类学的人类学家，都普遍认为土著人应当从原始的阶段转化到文明的阶段，人类学应借助自然科学和社会学的理念，探索社会规律，使社会理性化，并治愈那些原始的社会，但是，在人文主义对进步的渴望这种理想的牵引下，人类学家很快即发现，土著人普遍反对西方式的变化。这是对进化主义的当头一棒，间接指向了文化相对主义。随着对西化进程越来越多的反思，反西化的本土阻力逐渐强盛起来，加之对非西方人民的研究和理解不断加深，形成了应用人类学转向人文传统的时代背景。正是应用人类学的这一转变，奠定了本土视角产生的基础，而本土视角是发见本土知识的前提。吉尔兹（Greetz）指出，真正的人类学应主张本位的视角（emic perspective），而不是把人类学作为科学检验的对象。②当然，这要等到依附理论和世界体系理论进一步使本土权力关系获得一个更加明晰的比照，本土视角方可能真正发挥出指导人类学自觉地去获取本位知识（emic knowledge）的作用。③

① Curtis M. Hinsley,"Anthropology as Science and Politics: The Dilemmas of the Bureau of American Ethnology, 1879 to 1904",in Walter Goldschmidt,(ed.) *The Uses of Anthropology 11*, Washington, DC: American Anthropological Association, 1979, pp.15—28.

② Clifford Greetz, *Local Knowledge: Further Essays in Interpretive Culture*, New York: Basic Books, 1983, p.1.

③ Trevor W. Purcell, "Indigenous Knowledge and Applied Anthropology: Questions of Definition and Direction", *Human Organization*, ABI/INFORM Global Fall 1998, 57(3) ,pp.258—272.

战后人类学关注发展问题丰富了本土视角的内涵、照亮了本土知识的价值和意义

一战时，人类学家普遍持和平主义态度。但二战时期，特别是德国入侵苏联、日本袭击珍珠港后，人类学家们普遍认为，日本和德国破坏了西方的政治理想，纳粹主义践踏了“人类心灵统一”（psychic unity）这样一个文化人类学的思维范式。这种范式植根于比较民族志的传统之中，并支撑着人类学的人文主义理想。因此，广大人类学家，包括那个时代的著名人类学家，如柏特森（Gregory Bateson）、夏普勒（Elliot Chapple）、米德（Margaret Mead）、弗兰克（Lawrence Frank）和本尼迪克特（Ruth Benedict），都愿意为他们的政府服务。[①]二战中人类学家的主要任务是研究敌国和盟国的文化知识，为基于文化类型的政策制定提供知识判断基础。除直接服务于战争外，人类学家主动参与一些与战争密切相关的研究领域，如民族关系的调整、战时粮食供应问题和营养标准问题等。人类学家在二战中的努力，大大促进了人类学的发展，使人类学在人口研究、食品和营养、语言学、技术转移等方面取得多方面的成就，积累了丰富的跨文化研究资料。[②]

二战结束，现代化和对外援助紧密地联系在一起。首先，美国以强大的工业基础从二战中胜出，马歇尔计划（Marshall Plan）取得成功，工业资本主义全面获胜。其次，20世纪中期的去殖民化运动，在非洲、亚洲和加勒比海地区催生了大量的新的、贫弱的国家。这些国家虽然领导层缺乏经验，但都孕育着新的期望和力量。美国以援助和控制相结合的方法，对这些国家实行促进稳定的帮助。第三，1960、1970年代，是跨国公司膨胀的时期，廉价的劳动力和增长的海外消费，迎合了美国的第三世界工业化政策。这些因素在冷战思维的支配下，使美国和其他西方工业化国家支持的

① Margaret Mead,“Anthropological Contributions to National Policies During and Immediately After World War II”. in Walter Goldschmidt, (ed.),*The Uses of Anthropology 11*, pp. 145—157. Washington, DC: American Anthropological Association 1979, p.146.

② Margaret Mead, *Cultural Patterns and Technical Change*, Paris: UNESCO, 1953.

现代化项目和对外援助误导甚至破坏了第三世界的内源性发展。①在此背景下，人类学开始关注发展问题。

1960年代由美国军方特别行动办公室（US Army's Special Operations Research Office，SORO）设计的卡米洛计划（Project Camelot）引发了人类学对西方强权主导的发展的反思。此计划旨在评估第三世界国家内部（国内）战争的可能性，并提出解决的建议方案，形成预案机制。被雇佣参与该计划的人类学家对军方的影响十分有限，并招致同行的严厉批评，但却使人类学家看清了在美国强权之下的世界和平的危险性，而更加关注人类学的道德立场和与科学的结合。②到1970年代和里根时期（Reagan era），西方主导的现代化问题不断暴露出来，贫困依然普遍存在，阶级之间的隔阂加大，社会问题如毒品和暴力犯罪非常突出。于是，多边金融机构，如世界银行(WB)、国际货币基金组织（IMF）等把注意力转向贫困、健康、营养、小规模经济计划和计划生育等主题。1975年，世界银行乡村发展政策文件（Rural Development Policy Paper）首先阐明对发展失败的认识，开始寻找传统社会现代化的新方法，并力图把其整合进世界经济。人类学家以本土视角为主导，广泛参与了相关的行动。③

从文化的普遍性看，每一个群体都把他们自己的知识系统看作真理。同样，西方因科技的优越性而获得了霸权。这使得人类学既要适应科技的优越性，又要适应一同而来的工业资本主义规则，同时去实现自身的人文理想和去中心化的文化相对主义。很多人类学家认为，步马林诺夫斯基的后尘批评科学，在走人文化和走自然化的十字路口空谈，只会滥用机会；人类学应有自己的立场：在本土和西方之间，人类学家应做出选择，是以本土的视角促进地方自治还是作为霸权进步的代理。事实上，马林诺

---

① Trevor W. Purcell, "Indigenous Knowledge and Applied Anthropology: Questions of Definition and Direction", *Human Organization*, ABI/INFORM Global Fall 1998, 57(3), pp.258—265.

② Irving L. Horowitz, (ed.) *The Rise and Fall of Project Camelot: Studies in the Relationship Between Social Science and Practical Politics*, Cambridge, MA: The MIT Press 1974, pp.6—7.

③ Trevor W. Purcell, "Indigenous Knowledge and Applied Anthropology: Questions of Definition and Direction", *Human Organization*, ABI/INFORM Global Fall 1998, 57(3), pp.258—272.

夫斯基早就主张人类学应从本土的视角出发，充当知识保护和利用的中间人，以达成对人文和自然的重塑（re-humanization and re-naturalization of nature）。当然，“重塑”的困难是多方面的，不同阶级和社区的利益，知识解释上的争议，知识在解决问题上的无力，交流的政治、文化障碍，发展结果的不可预期性，道德上的两难，等等，使人类学在发展上裹足不前，但是，经历二战，人类学在反纳粹的历程中进一步塑造了本学科的丰富性和人文内涵，科学应当独立于政治和国家利益的淡泊理想以及科学应治疗而不是伤害人类的信念，成为二战的宝贵遗产，加上对新殖民经济统治以及美国政府在执行卡米洛计划中的两重性的醒悟，引发了人类学家对强权政府的普遍不信任，从而把人类学从狭窄的国家利益园囿中解救出来，催生出人类学的一片崭新天地：发展人类学。①

发展人类学出现于1970、1980年代。这一时期，南方国家的贫困和相关的债务危机不断加重，随着对自由市场经济的强调和对里根时代主流价值观的不信任，应用人类学重新获得了发展的环境，其一，区域经济全球化的文化维度和人文技术学的认识，推动着人类学的发展；其二，人类学学术地位下降，大量的人类学家转入应用人类学领域，参加到发展之中，为发展人类学开辟了前进的道路；其三，发展人类学的产生，与美国国际发展机构（the US Agency for International Development, AID）的“新方向”模式直接相关。AID认为，发展专家和机构对技术的推力微不足道，自上而下的投资干涉成效十分有限，因此应在发展项目中提高基于社会和文化因素的新的敏感性。同时，AID认识到，穷人应当主动地参与发展项目，这是成功的重要条件。其四，人类学对不同人群的文化和历史研究的尊重和1960、1970年代本土（indigenous/folk/local）人的去殖民化斗争蓬勃展开，为发展人类学的迅速兴起奠定了基础。②

发展人类学诞生的年代，是一个充满社会危机、社会批评勃发的时

① Paul D. Sillitoe,“The Development of Indigenous Knowledge”: A New Applied Anthropology, *Current Anthropology* 1998, 39(2), pp. 223—235, 1998.

② Trevor W. Purcell,“Indigenous Knowledge and Applied Anthropology: Questions of Definition and Direction”, *Human Organization*, ABI/INFORM Global Fall 1998, 57(3), pp.258—272.

代，爆发过美国的文化革命、法国和墨西哥的大规模学生反抗，越战讨论、民权运动（Civil Rights Movement）、去殖民化运动是这一时代的主题。前殖民地关注从人类学家的知识和观念中寻找发展的方式和道路，人类学家们也开始参与了对西方的全面反思。在这样的背景下，本土权力引起了广泛的关注，地方性知识系统应用于发展计划被认为应包含对殖民霸权历史的批判。人类学家鲍定（Boulding）即认为，西方文明产生了大量的破坏性陷阱，如大规模战争、人口增长以及技术的滥用等。①这种对西方的批评促使社会科学家更加关注非西方人的视角，并深刻影响了人类学的发展取向，使之得以摆脱早在“雇佣”人类学时代（the era of “engaged” anthropology）即打下的政治烙印。法当（Fardon）指出，人类学应抓住意义和翻译这两个哲学问题，重新找回人类主观的自我定义的本质价值，反思以往的失败，废除决定其意义的外部权力知识。②

同时，马克思主义因为与第三世界和本土人的斗争有着密切的政治联系，一直备受学术界的关注。在马克思主义的影响下，施特劳斯（Levi-Strauss）的结构主义开始盛行，民族主义也在新兴国家中高涨起来，整个殖民大厦包括其知识支柱，都面临着重建的问题。在人类学领域，吉尔兹的著作使解释人类学（hermeneutic anthropology）在美国发展起来，增强了文化相对主义理论（the theory of Cultural relativism）的影响，提出了人的解放的观点，主张本土人应在其文化意象中构建自己的世界，并在方法论上借助民族科学（ethnoscience）的理念，高度关注特殊的行为事件的深层含义，力图揭示族群的内在意义。③

上述社会和知识的走向，进一步丰富了本土视角的内涵，并使之成为人类学的认识论基础，从而为彰显本土知识的价值和意义铺平了道路：

---

① Kenneth E. Boulding, “Where Are We Going If Anywhere? A Look at Post-civilization”, *Human Organization* 1962, 21 (2):,pp.162—167.

② Richard Fardon, (ed.) *Power and Knowledge: Anthropological and Sociological Approaches*, Edinburgh: Scottish Academic Press, 1985.

③ Trevor W. Purcell, “Indigenous Knowledge and Applied Anthropology: Questions of Definition and Direction”, *Human Organization*, ABI/INFORM Global Fall 1998,57(3),pp.258—272.

人类学对发展的关注，对因数世纪欧洲扩张和战后资本主义全球化发展而边缘化的本土人的知识和权力的关注，延展了对西方知识在全球发展中的作用的重新评价，深化了本土知识在西方知识霸权中的长期生存问题及其与全球危机问题的关联性的认识，使学术界、政府的以及非政府的发展机构广泛认识到，本土知识根植于原住民社区的社会理想和实践、制度、关系、习惯和器物文化之中，是传统文化的重要组成部分；本土知识是特定地理区域内原住民处理人与自然关系，创造生存手段，获取生存条件，维护社区食品安全，开展教育和自然资源管理等方面的决策基础；本土知识特别与农业生产、人类健康、生物多样性保护、自然资源管理以及教育和知识创新密切相关，是穷人生存的重要资本，是发展不可或缺的知识财富。这样，人类学为形成本土知识概念的基本内涵奠定了观念基础和理论基础。

人类学文化研究的观点和方法形成本土知识的方法论基础

1970、1980年代，为破解什么知识是特定历史条件下有效的知识这一难题，学者们开始着手把知识从文化中分离出来加以考察。越来越多的人类学家转向探究本土知识和制度为什么具有更多的文化适合性、更有利于可持续发展这样的问题。早期开创性的工作集中在农业和环境实践等与生存直接相关的领域。人类学家的工作基于一种基本认识，即资本主义的发展转化威胁着地方社区和生态系统，因而，是非可持续的；本土人比外来的发展专家更深切地感知到他们的需要，而且，其需要带有深深的文化烙印，要求给出文化相对主义的界定；大多数被争夺、被威胁着的资源，如土地资源和健康的环境，是本土人、本土知识的存在所依。于是，两种倾向日益清晰，一是强调对本土知识本身的研究和应用，一是强调生态可持续发展的视角。①

本土知识研究的先锋之作是由布洛肯夏（Brokensha）、沃伦

① Shelton H. Davis,(ed.) *Indigenous Views of Land and the Environment*, World Bank Discussion Papers ,Washington, DC:WB(The World Bank), 1993, Peter Meehan,"Science, Ethnoscience and Agricultural Knowledge Utilization",in David Brodensha, D.M Warren, O.Werner, (eds) *Indigenous Knowledge Systems and Development*. Lanham, MD: University Press of American 1980,pp.383—392.

（Warren）和维纳（Werner）于1980年编辑的一个选集：《本土知识系统与发展》（*Indigenous Knowledge Systems and Development*）。作者包括大量的民族志专家，他们来自拉美、非洲和亚洲，有着不同的理论和方法立场，但主题基本集中在探讨知识和经验与地方生态、人文地理、人口结构以及阶级条件的协调变化上。此后的一些典型研究包括安第斯马铃薯种的分类及其与土壤类型、季节、人力组织、营养等适合性的关系研究，在秘鲁开展的土壤管理和利用研究，肯尼亚植被知识与发展的直接相关性研究等。早期研究的方法基本是经验的和人种志的，重视收集原住民的自然知识。这些方法以知识研究和专家系统研究为基础，通过在经验方法上的提炼，以应用于决策。后来，随着对本土知识在可持续发展中的潜在价值的认识不断丰富，促使人类学家采取大量的民族志解释方法研究本土知识，内容涉及农业和森林知识，生态、环境知识以及生态政治,资源管理和财产权,健康和医疗等。①

一些研究方法，如《拉美研究评论》（*Latin American Research Review*）中大量的图片评论，超越了经典解释性民族志的边界，包括了历史唯物主义和后现代主义思想方法。例如，对耕种方式的研究，即包括耕种要素间相互和总的关系的研究，传统建筑和家庭关系研究，本土与资本主义财产关系的冲突研究等。②另外，从早先的文献看，本土知识已不局限于以祖先领地定义的本土身份所联合着的人群的知识系统。一些学者认为，虽然殖民主义者把本土人赶出家园，似乎同时把他们的知识系统根除了，但是，本土知识系统却适应并在新环境中存留了下来。因此，考察本土知识，应包括对地方文化和其作用的总体考察，这正是人类学文化与发展关系研究的主要领地，很多人类学家在这一领域做出了别开生面的贡献，例如，帕塞尔（Trevor W .Purcell）和吉尔兹即研究了加勒比海地区的民间协作经济制度：循环信贷联盟（the rotating credit association,

① Trevor W. Purcell,“Indigenous Knowledge and Applied Anthropology: Questions of Definition and Direction”, *Human Organization*, ABI/INFORM Global Fall 1998, 57(3), pp.258—272.

② George A. Collier,“Mesoamerican Anthropology: Between Production and Hegemony”, *Latin American Research Review* 1991, 26 (2),pp.203—210.

RCA）。帕塞尔认为，这种制度在现代草根发展的实践中有着重要的研究价值；吉尔兹最早把这种制度解释为一种传统联谊会，有助于对现代性的适应。[①]

第二种趋势即强调生态可持续发展，这在应用人类学来看，并非新生事物。但是，这种趋势从1980年代后，却迅猛发展。早在1969年，美国的国家环境政策法案（*National Environmental Policy Act of* 1969,NEPA）即有力地促进了人类学知识在本土生态问题上的应用。该法案要求任一项目计划都需要对其环境影响进行研究并加以陈述，人类学家和生物学家、生态学家参与了这种环境影响评价的工作。[②]在后来的20多年里，为拯救不断退化的雨林，生态自由主义思潮发展起来。这种思潮深刻影响到学术界，形成了所谓的生态自由主义学派，其观点是力图通过把政治和经济上的自由主义糅合在一起，寻求缓解环境恶化的经济学途径；其理论预设是，资本主义的快速扩张的事实，注定要破坏地球上一些重要而关键地区的生态。与激进的环境主义者在生态问题面前不准动其毫毛的立场不同，生态自由主义者致力于把自然条件整合进资本主义市场，把本土生态系统的要素看做是可提取出来的资源，目的是根据地方文化可支持的自我依赖的经济原则，调动对全球化适应的所有形式，使文化和经济杂交以帮助当地人，使他们领地上的产品市场化。[③]一些民族植物学家持生态自由主义观点，例如美国民族植物学家培西（Darrell Posey）即希望这种观点能使资本主义长盛不衰。[④]当然，应当看到，生态自由主义的逻辑指向是促进需

① Trevor W. Purcell, “Indigenous Knowledge and Applied Anthropology: Questions of Definition and Direction”, *Human Organization*, ABI/INFORM Global Fall 1998, 57(3), pp.258—272.

② James P. Boggs,“The uses of Anthropological Knowledge under NEPA”, *Human Organization* 1990, 49(3),pp.217—226.

③ Arturo Escobar, *Encountering Development: The Making and Unmaking of the Third World*, Princeton: Princeton University Press, 1995.

④ A. Darrell Posey, John Frechione and John Eddins,“Ethnoecology as Applied Anthropology in Amazonian Development”, *Human Organization*,1984,43(2),pp.95—107,Darrell Posey, “Effecting International Change”, *Cultural Survival Quarterly* 1991, 15(3),pp.29—35.

要自立的人们实现最大限度的自治，①这与全球发展的结构和进程是不和谐的。但不管目的如何，人类学方法的广泛应用，促使发展不得不关注本位和客位的关系，强调知识不仅需要研究，而且更应被置于执行之中，因此，很多人类学研究需要本土/地方人自己去做，或者有他们的全面合作。

同时，把本土知识和西方科学知识放在同一个层面上加以比较，为人类学的中间人身份提供很多重要内涵，使之成为沟通本土知识和科学知识的重要手段。

本土人的文化权力问题和学院话语、实证科学的霸权问题，促使人们把处在二者之间的历史斗争看做是政治事务和民族事务，引生诸多的对立和矛盾。人类学把本土知识和西方知识的分裂当作发展中的经验主义方法论事项加以处理，并逐渐发展为一种观念形态的集体伦理认识论，这有助于在方法论和意识形态之间搭建桥梁。同时，人类学的认识论表明，人类学不仅是文化研究，同样重要的是，人类学承担着文化批评和文化变革的使命。这种视角为本土知识和现代知识的沟通创造了一个公平讨论的平台。人类学家逐渐认识到，自然科学的进步不仅不能解决重要的社会问题、情感问题和智慧问题，反而带来了更多的不适应、不理解以及社会不安，结果是产生更多的战争和革命，西方仍然没有学会控制社会力量；人类学的应用是解决这类历史和现实问题的一条路径，将有助于平衡西方知识和本土知识，增进对地方性知识的适合性的认识，以弥补西方知识在发展背景中的不足。②一般说来，由于本土实践与当地人的文化价值紧密交织在一起并代代相传，本土知识大多都适于社会和自然环境的渐变。但是，由于自然环境、经济、政治、文化在全球范围内迅速变化，改变了本土知识发生效用的支持环境，普遍导致本土知识的消失。本土知识在发展中的重要作用在于本土知识有助于保护社区有价值的技术、技能、工艺和解决问题的策略，本土知识的消失给那些发展这些知识的人和依靠其生活

① Jason Clay,"Why Rainforest Crunch?", *Cultural Survival Quarterly* 1992, 16(2),pp.31—37.

② Trevor W. Purcell, "Indigenous Knowledge and Applied Anthropology: Questions of Definition and Direction", *Human Organization*, ABI/INFORM Global Fall 1998, 57(3), pp.258—272.

的人造成严重的负面影响。在南方国家大量的现代技术推广实践表明，离开本土知识的参与，科学知识往往无功而返，而人类学能有效变革本土知识的消极因素，促进本土知识与现代知识的结合，在动员本土知识，改善科技应用质量方面发挥着独特的作用。

总之，随着二战后对西方强势文化的批评、反抗，以及对逐渐呈现的全球性问题的高度关注，人类学也前所未有地把文化相对主义与西化、现代化之间根深蒂固的矛盾搁置起来，以文化研究为基础，借用多学科和跨学科的方法，丰富本土文化、本土知识的研究手段，并为本土知识和科学知识的链接提供有效的路径，其基本观点和方法构成了当代本土知识研究的方法论基础。

三、本土知识在当代兴起的权力论背景

1990年代以来，学术界把本土知识在当代的兴起与殖民历史、去殖民化运动紧密联系起来，以揭示本土知识的权力背景。虽然本土学者围绕本土知识的权力问题纠缠不休，有泛政治化的倾向，前景渺茫，但与本土知识相关的知识产权问题，则确实反映出本土知识权力维度的价值，本土知识数字化的伦理考量就是一个解读的视角。

（一）去殖民化与本土知识

二战后，西方各国的殖民地纷纷独立，殖民体系全面崩溃。随着去殖民化进程的发展，南方国家的学者逐渐获得了与西方主流话语交流、碰撞的权力和机会。1960年代以后，以自由和民主价值为主调的学术环境在南北学术界形成，南方国家学者从反殖民情绪中逐渐走向成熟，开始在反思欧洲殖民历史中发挥变革性的作用，其中，即包括了对去殖民化与本土知识的反思。①

1990年代以来，学术界系统阐述了本土知识的合理性及其作用，强调本土知识的非从属性、独立有效性和被忽视性。这一进程使本土知识系统发生了从表述行为文化（performative culture）到实践文化（practiced culture）的转型，直接促进了本土知识在管理、农业、建筑、数学、天文学、通信、医学等方面的广泛应用。②

同时，学术界把本土知识在当代的兴起与殖民历史、去殖民化运动紧密联系起来，以揭示本土知识的权力背景。相关的批判和立论主要从以下

---

① 相关的论述参见：Jack D. Forbes, *Apache, Navaho, and Spaniard*, Norman: University of Oklahoma Press,1960; Jr. Deloria Vine, *Custer Died for Your Sins: An Indian Manifesto*, New York: Avon, 1970; N. Scott Momaday, *More Than Bows and Arrows*, Toronto ON: Cinema Associates,1971; Paula Gunn Allen, *Grandmothers of the Light: A Medicine Woman's Sourcebook.*, Boston: Beacon,1991; Lori Arviso Alvord and Elizabeth Cohen Van Pelt, *The Scalpel and the Silver Bear*, New York: Bantam,2000; Georges Sioui Wendayete, "1992: The Discovery of Americity",in Gerald McMaster and LeeAnn Martin, (eds.) *Indigena: Contemporary Native Perspectives*, Ottawa: Canadian Museum of Civilization,1992; Joy Harjo and Gloria Bird, (eds.) *Reinventing the Enemy's Language: Contemporary Writings of North America*, New York: w. w. Norton, 1997; Russell Thornton,(ed.) *Studying Native America: Problems and Prospects*, Madison: University of Wisconsin Press, 1998; Devon A. Mihesuah, (ed.) *Natives and Academics: Researching and Writing about American Indians*,Lincoln: University of Nebraska Press ,1998; Olive Patricia Dickason, *The Myth of the Savage: And the Beginning of French Colonialism in the Americas*, Edmonton AB: University of Alberta Press, 1984;. Elizabeth Cook-Lynn, "Who Stole Native American Studies", *Wicazo Sa Review*, 1997,12 (Spring): 9—28; Ward Churchill, *Fantasies of the Master Race: Literature, Cinema, and the Colonization of American Indians*, Monroe ME: Common Courage,1992; Annette Jaimes Guerrero, "Red Warrior Women: Exemplars of Indigenism in Native Womanism", *Asian Women*, 1999, (December): 1—25; Robert Alien Warrior, *Tribal Secrets: Recovering American Indian Intellectual Traditions*, Minneapolis: University of Minnesota Press,1995.

② Linda Tuhawai Smith, *Decolonizing Methodologies: Research and Indigenous People*, New York: Zed,1999.

几方面展开。[①]

首先，反对西方殖民者知识范式的霸权。

欧洲殖民者习惯于把本土人及其知识圈限在19世纪加以考察，在他们看来，正是殖民给南方带来了真正的知识，殖民地在殖民前就不存在有价值的文化。这种知识观主张西方知识是进步和进化的代表，而本土知识则是与进步的世界范式相对的虚构的、不可信的反作用力，持这种落后的知识的本土人注定只能是听差和世界进步的不幸的牺牲品，只有默默等待着下一次更大的不幸。沃勒斯坦（Immanuel Wallerstein）的世界体系理论和霍宾斯鲍姆斯（Eric Hobsbawms）发明的传统理论进一步促进了西方知识范式的巩固。[②]霍宾斯鲍姆斯和戴梦德（Jared Diamond）认为，本土知识需要与西方知识及其统治者的叙述话语一致。霍宾斯鲍姆斯断言，本土意识只有通过使农民学会对统治者的顺从才能得以存活。戴梦德则把地方性知识看做是本土对外部变化的适应的结果，只不过是外来开发者眼中的地方性资源之一种。[③]更进一步，西方一些学者甚至认为，证实本土文化的价值，只有基于经西方知识证实了的标准所构成的范式加以演绎。总之，本土人被认为是情绪化的、“刺激—反应”式的和非理性的，其所拥有的本土知识是落后的，并停止了演化，需要用西方知识加以判别、改造，甚至替换，这就是西方通常看待本土知识的逻辑范式。[④]至20世纪中期，本土学者才意识到解放本土知识是其使命。1960年代，本土学者开始遭遇殖民权力知识，由此揭开了努力揭示殖民后果的序幕。本土学者认为，殖民权力知识力图把一切理性化，而事实上，西方的殖民权力知识基础就是西

---

① Michael G. Doxtater,“Indigenous Knowledge in the Decolonial Era”, *American Indian Quarterly*, Berkeley: Summer 2004, Vol. 28, Iss. 3/4; p.618.

② Immanuel Wallerstein, *Geopolitics and Geoculture: Essays on the Changing World-System*, Cambridge: Cambridge University Press, 1991.

Eric Hobsbawm, Antonio Polito, *On the Edge of the New Century*, New York: New Press, 1999.

③ Jared Diamord, Guns, Germs, and Steel: *The Fates of Human Societies*, New York: W. W. Norton, 1999.

④ Shepard III Krech, *The Ecological Indian: Myth and History*, New York: W. W. Norton, 1999.

方政策造成无故攻击、谋杀、迁移、人种改良、诱拐的前提，因此，应提倡用法律主动防卫本土权力，展开对西方的知识霸权逻辑范式的批判，反抗殖民权力知识；本土人并非被动的牺牲品，无论如何，本土知识是自我决策的基础，应着力探索在本土知识框架下的本土发展道路。

至1990年，新的一代本土学者对殖民遗产掀起了更加深入的批判。在南非、波斯尼亚、东帝汶，本土学者既反对沃勒斯坦等把西方知识作为伟大的转变（great transformation）、伟大的飞跃（great leap forward）和永久的权威，也反对把本土文化（native culture）刻画为神圣的知识之母，主张去除本土知识的神秘外衣，通过本土教育为本土发展提供一个自我决定的平台；[①]挑战西方权威对知识的阐释，[②]强调文化预设对土地权力和人民自立的重要性，强调自我决策的智慧主权（intellectual sovereignty）。一些极端的本土组织如生态本土行动主义（ecologically thinking indigenous activism），不仅反对西方学者把本土知识看作为“农民意识”， 而且把自我决定转向对土地的要求，呼吁反对一切形式的进一步的新殖民，认为西方无视本土知识的目的，是为了实现以其话语结构来决定什么是真理。他们从更广阔的文化视野出发，指出，殖民进程不仅征服了本土人的身体，而且征服了本土人的头脑和精神，否则殖民者是不可能抢走土地和资源的。帝国主义最可怕的武器就是“文化炸弹”（cultural bomb），它能巧妙地盗取本土人的名义、语言、环境、遗产、认同、能力等要素，摧毁本土人的信仰系统。[③]越来越多的本土人看穿了西方的所谓优越性，相信数千年来支撑着生存的本土生活方式将有助于解决当今全球所面临的人

---

① Michael Doxtater, “Passing of an Elder”, Native Americas, 1998,15(4), pp.48—55; Norman T. Oppelt, *The Tribally Controlled Indian Colleges: The Beginnings of Self Determination in American Indian Education*, Tssaile AZ: Navajo Community College Press,1990; Gregory Cajete, *Native Science: Natural Laws of Interdependence*, Santa Fe NM: Clear Light, 1999; Richard Simonelli, “Education, Traditional Knowledge and the Indian Future”, *Winds of Change*,1999, 14(4), pp.20—27.

② 北美的殖民化理论家曾发明所谓的旧词新义（Neologisms），提出本土知识在西方世界应称为“美洲学”（americology、americity）。

③ Ngugi wa Thiong’o, *Decolonising the Mind: The Politics of Language in African Literature*, Oxford: James Currey, 1986, p3.

口危机和生态危机，[①]并认为，在复兴本土知识之前，关键是复兴传统；保护本土知识，关键在于保护本土文化。本土学者意识到，土著和西方学界对本土知识的理解并不相同。对西方而言，本土知识不过是一种知识体而已，但对于本土人，则远非止于此，本土知识与其生存有着密不可分的关系，是千百年来代代相承的纽带，因而，本土知识是一种生活方式，是继续创造的基础；针对本土知识被剥夺的现象，本土学者认为，要保护本土知识，本土人及其生活方式必须得到保护。例如，没有得到社区的允许即抽取其知识和数据，为某种利益目的服务，无异于殖民主义的复活。据报道，2004年2月下旬，52位哈瓦萨派族（Havasupai Nation）成员起诉亚利桑那州立大学（Arizona State University, ASU）及其三名教授，原因是该校使用400份哈瓦萨派人血样时超越了所声明的目的——糖尿病研究，一些血样被用于近交学、精神分裂症、古代迁徙样式等方面的研究，并形成了至少23篇学术论文、文章和博士学位论文。哈瓦萨派部族奋起斗争，要求经济补偿。本土学者认为，这一例子提醒原住民应认识到，本土人要从殖民主义的奴役中真正获得解放，还有很长的路要走。[②]一些本土学者指出，殖民的恶果，不仅是土地丧失和生态系统被破坏，而且其霸权知识还摧残着本土人的体质。殖民者的文化、习惯和统治带来的负担，使本土人因饮食和生活习惯被迫改变而衰弱，学术界称之为西方病（western diseases），即与西方和工业化人群相联系的饮食和生活习惯方面的疾病的总称。有研究表明，土著人只有回复到自己的生活方式才能彻底改变西方病的影响，如糖尿病、高血压以及心血管疾病。随着本土饮食不断得到恢复，人们对西方的营养观提出质疑。美国农业部的一项研究即表明，食品政策中依然存在着文化和经济偏见。对本土人而言，祖先提供的文化更新路径以及饮食疾病的解决方法，关系到本土人的生命质量。科学证据支持

① Winona La Duke, *All Our Relations: Native Struggles for Land and Life*, Cambridge: South End Press, 1999.

② Larry Hendricks,"Havasupai File,25M Suit Vs. ASU", *Arizona Daily Sun*, February 28, 2004; Nicole Saidi,"Havasupai Tribal Members Sue ASU", *State Press*, Monday, March 1, 2004; Larry Hendricks,"Havasupai Tribe Files,50M Suit against ASU", *Arizona Daily Sun*, March 16, 2004.

本土知识在健康和营养方面的价值，有研究表明，北美平原居民是世界上个子最高的，而且很少患糖尿病，原因是他们多爱吃有利于长高的瘦肉特别是水牛肉、水果和蔬菜，且他们食物结构中的本土植物（如blueberry plants）的根富含可控制Ⅱ型糖尿病的有效成分。[①]

尽管大多数学者认为西方知识是人类智慧的化身，一贯坚持用西方知识作为世界的标准，以判断什么是理性的、什么是非理性的，觉得本土人反对西方知识是不可理喻的，但是，在本土学者反对西方知识霸权的努力下，南北方的学者逐渐认识到，知识的去殖民化，是后殖民时代不可回避的主题；本土知识不仅仅是表述性文化，更重要的是一种实践文化，重新开启本土知识作为实践文化的进程，将有助于为主权问题以及农业、医疗的发展提供有效的本土解决方案。

其次，把本土知识在当代的兴起作为去殖民化进程的重要组成部分。

"本土人"（Indigenous People）这一概念，是一个学术写作的重要术语，偶尔也用"Aboriginal Peoples"、"First Nations"代替"Indigenous People"。北美学界多用"Indigenous People" 而不是用"American Indian"、"Indian"、"Native American"来表示"本土人"，因为他们认为"indigenous"含有源自土地（land）的明确见解和内涵，不仅准确描述了本土人的来源，而且是土地所有权的政治宣言。因此，本土学者普遍认为，谈论本土知识话题，就要深入批判殖民制度，正是殖民制度消除了知识选择的多种可能性，阻止了本土人或本土知识的辩护者接近学术权力的结构中心。例如，《美洲印第安人季刊》（*American Indian Quarterly*）就很少为本土学者提供表达的机会，但本土学者需要在广阔的本土授权的背景下讨论本土知识，而不仅仅只是把本土知识作为追求智慧成就的对象之一种，因为，本土授权是本土知识存活、繁荣的前提，离开本土授权，本土知识将变得毫无意义，甚至对拥有者和参与者是有害的。当然，只有

---

① Richard Steckel and Joseph M. Prince,"Tallest in the World: Native Americans of the Great Plains in the Nineteenth Century", *American Economic Review*, 1991, No. 1 (March 2001), pp.287—294.

Eric Floren,"Fight Diabetes With Berries: Scientists Take New Interest in Traditional First Nation Medicines", *Edmonton Sun*, March 19, 2004, 49.

去殖民化，才能肃清殖民权力的魔爪，也才能实现本土授权。因此，本土学者认为，本土知识的复兴与去殖民化进程深深地缠结在一起，只有有意识地批判、评价殖民化历史进程如何使本土方式的价值降低，才有可能使其恶果得到修复，并反过来使本土知识的复兴服务于一个广阔的去殖民化进程；①重新评价传统知识应从本土社区开始，从本土人自己开始，因为他们是知识的主要承载者和去殖民化的主要推动者。②

本土学者认为，殖民主义一经产生，就不可能有本土知识的位置，殖民者的选择无非是要么根除本土传统，要么就强迫本土人缄默。③在西方的世界观看来，西方知识必然征服本土知识，本土的被征服和文明化是不可避免的，本土人的生活方式必须结束，以给进步让路，因为本土文化传统与欧洲人、美国人、加拿大人的发达文化相比较是落后的、劣质的，没有什么价值的，与现代性不协调。殖民者为了实现其使命，不仅他们相信这些观点，而且要求被殖民者也相信。在殖民主义的主导之下，本土方式自然是不相干的、不协调的。试想，全部人民被压迫，自然资源被破坏性地掠夺，在这样的背景下，本土传统有什么价值呢？本土价值和生活方式与物质主义、军事主义等世界强权者的品格当然是不协调的。于是，在殖民统治的漫长时期，本土视角处于瞎盲状态，本土反抗被平息，殖民地人民知识生产的能力被抑制。事实上，在政府和基督教的联合作用下，北美本土人面临着尖锐的矛盾：实践自己的精神、使用本土语言、偏爱祖先的生活方式，导致孩子们在现实中无所适从，并质疑传统的价值和意义。

19世纪末本土夏威夷文化即被置于灭绝的边缘状态。夏威夷是一个以航海业为主的社会，在美国人到来之前，已存在数千年。外来的病菌杀死

---

① Ladislaus M. Semali and Joe L. Kincheloe, (eds.) *What is Indigenous Knowledge: Voices From 0the Academy*, New York: Palmer Press, 1999, p.45.

② Angela Cavender Wilson, "Reclaiming Our Humanity: Decolonization and the Recovery of Indigenous Knowledge", in Devon Abbott Mihesuah and Angela Cavender Wilson (ed.)*Indigenizing the Academy: Transforming Scholarship and Empowering Communities*, Lincoln: University of Nebraska Press, 2004, p.72.

③ Waziyatawin Angela Wilson, "Indigenous Knowledge Recovery is Indigenous Empowerment", *American Indian Quarterly*, Berkeley: Summer 2004, Vol.28, Iss. 3/4, p.359.

了大量的夏威夷人，幸存者失去了土地和自然资源，失去了文化、经济、政治的自立。1893年1月17日，夏威夷古老的民主君主制被美国军队推翻，到1898年，完全被美国吞并，后来的本土夏威夷人，已被剥夺了作为本土人的权利，但美国政府并不承认。夏威夷人的自觉意识在不断增强，从心理和精神上反抗美国法律和政府对其造成的分离，但是其走向自立的政治未来是渺茫的。本土授权缺失，本土知识即失去了依附的基础。①因此，本土学者认为，虽然殖民体系已经成为历史，但是，殖民影响根深蒂固，去殖民化是长期的艰巨任务。本土知识是从数世纪殖民主义看待殖民地人民的方式与本土人存在的方式相割裂这一灾难中爆发出来的，将从失去“是什么”（what was）的苦难中和“将是什么”（what will be）的决定中获取新生的动力。在21世纪发端之际，本土知识的复兴是前殖民地人民自觉的和系统的努力，通过重新评价被贬低了的知识，复活被破坏了的传统，目的是在数千年祖先的家园里重新获取存在的方式，达到精神平衡、可持续生存。②

民族存在的核心就是其传统文化，③其中的知识和实践塑造了自我管理的社区特性。学术的责任在于支持本土知识的复兴，增强民族性。当本土知识被重估和复活，本土人变得有力量，感到有了反抗殖民的能力，便意识到本土授权的重要性。同时，民族强盛离不开这样的认识，即本土知识需要保护，而占有本土土地、保护本土人,是本土知识生产的必要前提。因此，本土学者认为，“为我们的生活、我们的土地、我们的知识而斗争是同样的斗争”，④复兴和促进本土知识系统这一战略应是去殖民化进程的

① V.M. Razak,“Can indigenous Cultures Survive the future?”*Futures*,2003,35, pp.907—915.

② Waziyatawin Angela Wilson,“Indigenous Knowledge Recovery is Indigenous Empowerment”, *American Indian Quarterly*, Berkeley: Summer 2004, Vol.28, Iss. 3/4, p. 359.

③ Taiaiake Alfred,“Warrior Scholarship: Seeing the University as a Ground of Contention”, in Devon Abbott Mihesuah and Angela Cavender Wilson,(ed.)*Indigenizing the Academy: Transforming Scholarship and Empowering Communities*, Lincoln: University of Nebraska Press, 2004, p.95.

④ Leanne R. Simpson, “Anticolonial Strategies for the Recovery and Maintenance of Indigenous Knowledge”, *American Indian Quarterly*, Berkeley: Summer 2004, Vol. 28, Iss. 3/4, p.373.

重要组成部分，应当应用于政治和法律系统，以及健康、福利、教育及环境管理之中；①在当代背景下复兴和维护本土世界观，是本土人摆脱殖民控制与走向自我决定（self-determination）的政治权力，是对文化上的种族灭绝（cultural genocide）的反抗，将激发重建有力的和可持续的本土民族领地，促进公平关系包括和平、平等、共存的发展。②

同时，本土学者指出，由于本土教育的缺乏，殖民教育体系所包含着的信仰、价值和体制使本土孩子很难获得成功，因此，应在教育环境中嵌入本土知识，以增强孩子们的本土认同，避免造成社会歧视；本土人贡献出知识的、文化的创新，反过来，通过把本土创新嵌入幼儿、初高级和大学教育，这种知识的本土化进程必将创造出人的创新；本土语言是本土世界观和生存方式的最集中的反映，是本土一致性的基础，在熏陶孩子方面具有不可替代的作用，应大力推进本土语言在学校教育中的使用。总之，教育的本土化是去殖民化的重要一环。

另外，一些本土学者认识到，西方用于解决本土人冲突的机制，普遍方法是长期推行本体论的施暴和篡改，以达到永久殖民，潜藏着改变信仰的危险和企图，而本土机制是建立在对话、沟通、谈判、公正、和谐和尊重习惯法的方式上，符合人类的共同情感诉求和道德。去殖民化进程就应包括增进和支持本土冲突解决机制的理解和做法，这将有利于本土人以及全人类的利益。③

第三，反对消解本土知识的权力维度。

一直以来，与生物多样性和可持续发展相关的论坛对传统生态知识（traditional ecological knowledge, TEK）的重视，给西方科学界注入了新的活力，科学家不仅对本土知识的一些概念感兴趣，而且开始将本土智慧

---

① Ward Churchill, "I Am Indigenist: Notes on the Ideology of the Fourth World", in *A Native Son: Selected Essays on Indigenism*, 1985—1995, Boston: South End Press, 1996.

② Harold Cardinal and Walter Hildebrandt, *Treaty Elders of Saskatchewan: Our Dream Is That Our Peoples Will One Day Be Clearly Recognized as Nations*, Calgary: University of Calgary Press, 2001.

③ Waziyatawin Angela Wilson, "Indigenous Knowledge Recovery is Indigenous Empowerment", *American Indian Quarterly*, Berkeley: Summer 2004, Vol.28, Iss. 3/4, p. 359.

应用于直接与生态、环境状况相关联的方面。[①]1990年代，环境问题日益广泛的影响，使本土生态知识成为南北共同关注的话题，不断得到更为广泛、更为理性的认识。在此基础上，全球知识界似乎找到了平衡本土知识和西方知识的出发点，本土知识和权力的关系在一定程度上被淡化和消解，学术界的兴趣转向对本土知识实践价值的研究和应用上。[②]

TEK不仅与科学方法的结论十分吻合，而且其价值观、世界观的精神基础几乎不带功利色彩。[③]不过，西方科学家聚焦TEK，从其知识空间转入TEK的“实用性”（practicality），主要是因为这些大量的实际知识支持人们更有效地控制环境。起初，本土人以乐观的态度看待这种西方的兴趣，以为本土环境思想有了进入政策体系的机会，由此将促进去殖民化的进程。实际情况并非如此。随着TEK被整合进入科学框架，其促进环境管理和环境问题解决的有效性得到广泛证实，与此同时，本土学者开始觉察到，这种欧洲中心论主导下的本土知识利用方式，非但没有对为什么本土知识系统受到威胁这一问题给以足够的重视，而且还暗中破坏了传递本土知识的本土程序。本土学者发现，西方连续的殖民心态一直影响着西方的学术研究，但凡TEK文章提到殖民主义，即被认为是离题，西方学术界把TEK严严实实地包裹在了他们的概念和理论里，对TEK进行去政治化处理，使TEK的讨论更符合西方科学家掩盖殖民、不公正的劣迹。这样，科学推动了本土知识，但却不是为拥有和依靠本土知识的人谋福祉；从本土人那里分离出TEK，也就是把学术从政治和智力殖民主义的受益者和作恶者的责任中分离出来，以巩固殖民者和被殖民者的关系。同时，把本土知

---

① World Commission on Environment and Development: *Convention of Biological Diversity, Agenda 21, Our Common Future*, London: Oxford University Press, 1987.

② Leanne R. Simpson, *Traditional Ecological Knowledge: Issues, Insights and Implications*, Ph.D. diss., University of Manitoba, 1999.

③ Fikret Berkes, *Sacred Ecology: Traditional Ecological Knowledge and Resource Management*, Philadelphia: Talor and Francis, 1999; Nancy Turner, “ Marianne Boelscher Lgnace, and Ronald lgnace, Traditional Ecological Knowledge and the Wisdom of Aboriginal Peoples in British Columbia ”, *Ecological Applications*, 2000, 5, pp.1275—1287.

识移出政治领域，是对蹂躏本土人的历史的否认，不仅使本土人失去了变革的机会，而且，科学家即沦为服务于与以往类似的殖民计划的玩家的工具。[①]因此，本土学者认为，必须战略性地意识到，本土知识如何复兴并在何处着力，以保障系统的基础被保护，延续的本土程序被维持，最大的威胁就是对殖民系统受益者的权力存在浑然不觉。例如，2000年的《应用生态学杂志》（*The Journal of Ecological Applications*）刊载了8篇文章涉及TEK在自然科学方面的应用，绝大多数论文是非本土（non-native）科学家写的，服务于学院派的生态学家，且没有一篇文章提到殖民主义对本土知识系统的影响。事实上，西方学者、科学家在很多场合仍然在强化西方知识对世界本土民族的压迫。本土自我决定和本土领土（indigenous self-determination, indigenous national territories）是本土知识存在、更新的重要元素，对本土人的当代威胁，土地及知识系统扮演着重要的角色。当TEK被作为未开发的资源为世界生态学家解决现代环境和生态问题提供敲门砖时，大量源于主流社会的世界观却处在大多数本土知识基础的对立面。本土知识在欧洲人到来前的长时段里一直支持着复杂的社会、精神和政治系统，本土知识的传递链被打断的唯一原因，是殖民体制、殖民政策在过去的几个世纪里侵占了本土制度的位置，西方殖民者应对现在的本土知识的处境负责。围绕TEK与资源管理、可持续发展以及生物多样性维护的相互作用的讨论，本土权力成为西方与本土展开争执的主要地带。本土知识持有者和主张本土自治的政治领导人，从去殖民化的角度出发，对现有的本土与非本土共存的所谓的公正方法提出了一系列的质疑。[②]于是，本土学者围绕传统生态知识展开对殖民历史的批判，借此彰显本土知识的权力维度。本土学者认为：[③]

---

① Ward Churchill, *A Little Matter of Genocide: Holocaust and Denial in the Americas 1492-Present*, San Francisco: City Lights Books, 1997.

② "Indigenous Peoples' Perspectives on Biodiversity, Environment and Sustainable Development, Special Issue", *Biodiversity Journal of Life on Earth 3*, 2002(3).

③ Leanne R Simpson, "Anticolonial Strategies for the Recovery and Maintenance of Indigenous Knowledge", *American Indian Quarterly*, Berkeley:Summer 2004.Vol.28,Iss.3/4.

首先，殖民文化是破坏本土知识的本质力量。

本土知识基础受到威胁的根本原因源自土地，本土人失去其土地的控制权的同时，本土知识即受到了侵袭。当本土文化成为欧洲人建立统治本土土地的权力障碍时，本土知识的基础即被入侵的文化所攻击，这种外来文化是击溃本土族群、同化本土人的根本力量之一。事实上，在过去的五百多年里，殖民权力多方面破坏了本土知识系统，例如，把精神性和仪式性的生活断为非法，通过学校系统试图同化孩子、破坏语言，剥夺传统政权，破坏土地、水资源这两种生存要素之间内在的纽带，和平与公正共存的理想被殖民统治者置若罔闻等。20世纪中期的加拿大，其《印第安法案》（*Indian Acts*）中所包含的印第安文化毁灭议程，即受到政府的支持，目的是企图通过系统地、有意识地破坏本土知识系统，以达到同化印第安人的目的。[①]例如，寄宿学校系统（residential school system）破坏了本土人的本土语言，限制了本土知识的教学法。本土语言在本土知识的复兴和延续上有着重要的意义，其结构和组成被广泛用于表达本土世界观、价值、概念和知识，而口传传统需要特殊的语言技巧，需要在孩子中养成，并终生使用才能精通。现代学校教育系统不利于本土知识的传递，欧洲中心化的课程以西方式的训导方法低估了理解本土知识的必要性，减少了学习本土知识的机会。因此，除非学术界和本土民族关注破坏本土知识的本质力量，挑战学术圈里存在的殖民习气和势力，否则，本土知识将难以担负起去殖民化的使命。[②]

其次，环境的破坏首先是一种殖民现象。

对资源的掠夺，导致环境被破坏，始作俑者是殖民主义。数百年来，环境的破坏首先是一种殖民现象，而且这种破坏至今未息，大量的多边合作继续使本土人离开其土地。在跨国公司面前，本土知识在环境管理上的应用，依然没有逃脱殖民计划的框架。政府向自然资源的工业化开采低

① Ward Churchill, *A Little Matter of Genocide: Holocaust and Denial in the Americas 1492-Present*, San Francisco: City Lights Books, 1997.

② *Final Report of the Royal Commission on Aboriginal People Voluml*,Ottawa: Canadian Publishing Group, 1996.

头，大量的公司参与决策，有效地吞噬着本土人的土地和资源。一方面，本土领导和知识持有者被邀请在国家或国际论坛（如生物多样性公约）上分享其传统知识，另一方面，政府不断地加入对土地和知识的破坏行列，因为既得利益者并不关心本土土地的公正利用问题。①

本土人通过本土知识，在发展人与自然的关系中获得自然基本力量的滋养。这种关系被编码在本土语言、本土制度和精神系统的结构之中，并以传统的管理形式和实践，驻留在本土人的内心和思想之中。没有未经阉割的生态系统，本土人就不可能培养这种关系。②因此，环境被破坏的背后，是本土知识被破坏；本土知识被破坏的背后，是殖民主义在作祟。

第三，科学把本土知识变成一种被囚的知识。

本土知识在学术研究、环境政策制定、发展援助方面成为资源的同时，文本化、数字化也迫使本土知识顺从于殖民的权力结构，这样，即贬低和伤害了本土知识的品质。当本土语言翻译成了英文，本土知识进入文本，即被锁进了一个认知的盒子，这个盒子包括了殖民者的世界观，本土知识则被剥夺了活力和流动性，被框定在一个单一的背景之中，其间内含的长者和年轻人之间的时空关系是空洞的，被概念化、去个性化，与土地分离，与精神世界、意义、变化的方法分离，不仅不可能转移，更难以去殖民化。因此，要保护本土知识，就要保护本土代际传递知识的方法，即应加强口传传统，而不是简单使本土知识文本化就了事。从本土人的视角看，“怎样学”比“学什么”更重要，本土教育项目应采用本土知识教和学的固有的、内在的文化方法，必须基于本土环境，给年轻人提供与长者和传统知识持有者交流本土事项的机会。本土知识应是活的，而不仅仅成为殖民战略的文档。因此，更应反对科学对本土知识的收编和包裹，以为

---

① “Indigenous Peoples Perspectives on Biodiversity, Environment . and Sustainable Development, Special Issue,” *Biodiversity Journal of Life on Earth 3*, 2002(3).

② Marie Battiste,(ed.)*Reclaiming Indigenous Voice and Vision*, Vancouver: University of British Columbia Press, 2000, pp.248—79.

孩子们完整提供用他们的文化知识进行生活的基础。①

随着本土知识学术研究兴趣的高涨，强烈赋予本土知识复兴以政治责任的倾向越来越突出。有学者指出，应提防主流学术圈倡导本土知识的作用却消解了其与殖民压迫的根本联系，淡化了“土地”这一核心问题。辛普森（Simpson）即指出，本土知识的危险性正在于被学术界看做是“未被利用的资源，供生态学家在解决现代环境和生态问题时支撑其研究”，却掩盖了本土人对权力的要求。②

总之，本土学者主张，在反殖民战略中，保护、复兴本土知识系统意味着学术界、本土知识持有者、本土族群的政治领导人应粉碎以往和现行的所有殖民掠夺式的计划。真正与本土人在保护本土知识上为盟的科学家、学者，就应放弃他们的优越立场，挑战与殖民权力结构相一致的研究规则，并把反殖民化主张植根在其著作中，这对于本土知识、本土人的生存尤为重要；复兴本土知识，需要对殖民思想及其与本土知识的关系进行解构，需要对殖民主义及其何以导致本土知识的现在状态进行审慎、严谨的分析；复兴本土的智慧传统，需要恢复本土土地的控制以免遭环境破坏，需要反对殖民倾向的教育方式，推进政治上终止对本土人和本土知识的殖民伤害，才能为本土知识的复兴创造必要的空间。

（二）本土知识的知识产权问题

本土学者围绕本土知识的权力问题纠缠不休，有泛政治化的倾向，前景渺茫，而与本土知识相关的知识产权问题，则确实是本土知识权力维度中核心价值的体现。

首先，本土知识被大量侵权。

本土知识在现代科技产品开发方面的贡献是惊人的。本土文化中包含着丰富的资源利用知识，不仅能为现代开发提供指示，避免走弯路，而且

---

① Leanne R. Simpson, “Indigenous Environmental Education For Cultural Survival”, *Canadian Journal of Environmental Education*, Spring 2002,7,pp.13—25.

② Leanne R. Simpson, “Anticolonial Strategies for the Recovery and Maintenance of Indigenous Knowledge”, *American Indian Quarterly*, Berkeley: Summer 2004, Vol. 28, Iss. 3/4, p.373.

能为合理利用提供基层制度基础，防止掠夺和耗竭。北方国家正是看到了本土知识背后潜藏着的商机和财富，把本土知识置于可以任意利用的公共产品之列，不择手段展开研发，或钻南方法律不健全或不完备的空子，或利用知识产权法律体系掩盖其侵权本质，这种例子举不胜举。[①]

其次，南北关于本土知识产权的保护存在严重分歧。

发达国家虽然从南方国家的生物资源上获取了巨大的利益，但是，仍然不愿意与南方国家商定、发展利益共享机制。由于有经济实力作后盾，发达国家把国际法精雕细琢，通过专利保护对资源的使用大行其道，使南方的资源向西方的主要利益领域敞开。同时，发达国家拥有利用生物多样性资源的技术，并具备使生物多样性资源商业化的能力，进而利用南方国家的生物资源创造财富。在发达国家的财产权利体系和科学技术体系下，南方国家损失越来越大，包括创新、知识和生物资源。很明显，南方国家面对的挑战是：如何保护其资源免遭无偿滥用，如何推进资源利用的共享机制。这就需要探究发达国家和南方国家在财产问题上、知识问题上相关的结构性差异，以解决未经准许和缺乏补偿对南方国家本土知识和资源的高强度开发利用问题。但南北分歧十分突出。

生物多样性保护是环境问题的中心议题。环境问题具有全球性，因此，环境事务的处理需要国际合作，没有任何一个国家能够独立解决环境问题。按理说，一个国家占有全球资源的份额，相应的权益、责任、义务应与之相当。因为，一国对其资源的利用和管理，与全球环境是直接相关的。但是，由于源于生物资源的利益，以及这些利益在南方国家和发达国家间的不公平分配，谁应当为保护埋单就成了一个实际的问题。当一个南方国家在保护生物多样性资源时，发达国家正忙于发明利用这些资源的符合知识产权规则的技术，这种局面合理吗？与贸易相关的知识产权协议对专利持有人和相关本土社区的利益共享问题没有任何规定，大多数发达国家签署该协议，即意味着允许任何国家的任何申请人使用生物资源及其相关的知识专利，而不必让资源所有国知道和同意，这显然是不合理的。有

① 参见张永宏《非洲发展视域中的本土知识》，中国社会科学出版社2010年版，第201—212页。

学者指出，既然所有国家都一致认同生物多样性的重要性，就应该有统一的方法保护和利用生物资源；既然发达国家和南方国家的条件不同，前者拥有先进的生物技术和金融资源，后者拥有丰富的生物资源，就应努力探索相互支持的机制。发达国家的金融资源通过全球性机构，如全球环境机构（Global Environment Facility, GEF），支持南方国家的保护计划，应该是十分容易做到的，当然，应有相应的国家法律加以保障；发达国家在帮助南方国家完善管理方面，应发挥全面的作用，使南方国家同样能够从中获益，而联合国环境署（UNEP）应在其中发挥监督作用。[①]但事实上，南方国家被卷入一场生物资源的游戏，在这场游戏里，发达国家既是运动员又是裁判员。在生物多样性公约里，发达国家主张生物多样性是共同遗产，应为全人类的利益而敞开，以此赋予他们通向生物资源开发的权力路径。[②]而相关的利益固定在发达国家的专利之中，发展中国家无从获益。“共同遗产”在发达国家和南方国家间形成了相对立的观点。南方国家背负艰巨的监护责任，而发达国家只关注接近资源，并在表面上极力淡化其中的利益。

本土知识往往为社区所共有，但社区的界定十分困难，这就影响了本土知识与现代产权制度的对接。定义地方社区需考虑社会成员的身份与组成，经济关系，知识的传递，价值和习惯，土地关系及其特定自然资源共享的行为基础等。在津巴布韦，同一个地方社区有着两种相对的制度。一个是政府的乡村发展委员会（Village Development Committee, UIDCO），是社区发展的基本单位。另一个是传承久远的以家族领导人为核心的传统社区系统。两种系统都是合法的，当然也有各自不同的边界。传统制度无须政府授权，但UIDCO与发展机构的合作须在政府规定的边界范围

---

① Morris Mudiwa, *Global Commons: The Case of Indigenous Knowledge, Intellectual Property Rights and Biodiversity*, 2002. http://dlc.dlib.indiana.edu/archive/0000080/00/mudiwam130502.pdf 2007/06/01.

② P. Kameri-Mbote, *Community Rights , Farmers and Breeders Rights in Africa: Towards a Legal Framenork for Sui Generis Legislation*, African Centre for Technology Studies, Nairobil,2000; The FAO/IUCN Regional Workshop on Community Rights, Farmers and Breeders Rights ,Nyanga, Zimbabwe, October 29,2000.

内活动。UIDCO领导层基于代表选举，而传统的领导人靠继承和世袭。UIDCO与社会经济维度相关性低，并不承担资源管理责任，常常忽视传统领域，较少关注文化的社会边界，容易导致家庭分裂。可持续发展依赖于当地人参与资源管理，依赖于传统权力机构与资源分配制度紧密联系，因此，传统制度更加具有适合性，尽管传统领导层的能力不尽理想。①不难想象，社区的复杂性使维护本土知识权利显得群龙无首、政出多端、软弱无力。这种状况，一方面使本土知识保护难以与现代知识产权规则对接，另一方面，也给北方提供了不予保护的借口。因为，在发达国家，知识财产被以私人或企业名义所定义或控制，绝大多数资源都可以追溯到这种实体，而传统社区，如非洲的村落，没有以书写形式保留的知识档案，而是以口传为基础，代代相传，其知识的权力为集体所有，难以确定明确的知识产权意义上的权利主体。

从学理上看，本土知识对持有者而言是有用的，对世界经济同样有价值，因为它构成了全球知识的组成部分。但是，本土知识对生物资源的保护功能，是知识产权立法很少考虑到的。本土知识的一个重要特征是代际性，即上代传递给下代，上代为下代托管：保护、传递、采用、改造本土知识。持有本土知识的人多属一个国家和地区的原住民（natives），其历史从殖民开始时即被边缘化，从现代文明中分离，被看做与“发达”、现代科学和文明无关。因此，在价值判断、身份、起源等多种因素的作用下，本土知识从未与正规科学知识（formal scientific knowledge）取得过同等地位。问题是谁把知识分为本土的（indigenous）和正规的（formal）？

有学者认为，知识是被历史、文化、经济、政治和最重要的权力关系所建构的。那些失去政治、经济优势的人，是无权的人（the powerless），被迫接受强权知识。于是强权知识成了衡量其他知识的标准。因此，是财富和权力在左右着知识的分类。知识被分为本土的、地方的或现代的、正

① F. Matose and B. Mukamuri, “Trees, People and Communities in Zimbabwe’s Communal Lands”,in *Rural People’s Knowledge and Extension Practice: Sustainable Agriculture Development Program of the International Institute of Environment and Development*, Research Series Vol.1,No.2, 1996.

规的（modern scientific formal），影响了价值在知识间的流动。于是，知识系统在权力话语中形成，强者征服弱者。[①]同样，知识取得价值依赖于世界的等级制度，这种制度又反过来定义了知识，那么，知识产权制度如何保护穷人和无权者获得利益呢？

非常明显，现代知识系统难以解释其他知识系统内的创新，西方现行知识产权制度无意也无力保护本土知识，这就是全球化导致传统文化社区更加贫困的原因之一。

第三，南方国家保护本土知识面临复杂的困难。

南方国家在应对现代知识产权障碍方面要么改造现代知识产权制度的法律基础，即转变国际知识产权法律以体现南方国家的需要，要么改造与知识产权制度相关联的本土制度结构，如地方社区及其与生物多样性和本土知识的关系，以符合现行的知识产权框架。其实，两者都需要。

从转变国际知识产权法律以体现南方国家的需要这一方面来看，近年来，南方国家已开始发挥一致的努力，影响国际法的发展，使其适应南方国家的实际情况。但由于多元利益的相互交织、制衡，困难很大。

生物多样性公约和与贸易相关的知识产权协议有不同的目的。要保护生物多样性，就要承认本土知识的作用，因此，生物多样性公约同情南方国家的困境，而与贸易相关的知识产权协议则主要靠私企的利益推动，这样，生物多样性公约的一些条款并不符合与贸易相关的知识产权协议的利益。若一国通过与贸易相关的知识产权协议增加其专利产品的利益而无须与原产地国分享任何利益，当然就满足了私企的愿望，因此，本土社区指望通过与贸易相关的知识产权协议共享利益是不可能的。显然，应有全球组织来整合二者，否则，目标相反的两个体系不可能解决全球生物多样性保护问题。在生物多样性公约缔约国会议上，非洲国家主张，生物多样性公约应具有高于与贸易相关的知识产权协议的地位。1998年以来，非洲在

① F. Matose and B. Mukamuri, “Trees, People and Communities in Zimbabwe’s Communal Lands”,in *Rural People’s Knowledge and Extension Practice: Sustainable Agriculture Development Program of the International Institute of Environment and Development*, Research Series Vol.1,No.2, 1996.

非统峰会、非盟会议、非洲与加勒比海地区会议、联合国大会、世贸组织部长会议、生物安全会谈、植物遗传资源讨论、食品和农业讨论等多种论坛上阐明关于生物多样性的协调一致的立场，并积极组织专家机构研究生物多样性的相关主题，指导非洲各国建立保护和利用机制。[①]这将影响与贸易相关的知识产权协议和世贸组织的发展。但同时应看到，一方面，生物多样性与国家主权、全球化有着极为复杂的关系，而南方国家应对这种复杂问题的条件和努力十分有限。在1992年内罗毕生物多样性政府间谈判会议上，北方国家代表团具有多学科专家，并且拥有综合数据库，而南方国家代表团势单力薄，缺乏专业的多学科教育背景，只能靠知识直觉，在谈判中明显处于劣势。另一方面，虽然，近年来，处理南北知识产权保护的努力开展起来，给本土知识的保护带来了希望，如非洲保护地方社区权利的生物资源使用法（Regulation of Access to Biological Resources,2000）规定，农民造育的物种应在习惯法和传统实践规则的基础上被承认和保护，不管这种习惯法和规则是书写的或是非书写的。这表明南方国家使其知识成为财产的统一态度正在获得承认和贯彻，但是，根本上还得依靠相关的支配国际法的规则发生变化。[②]

从转变地方制度使其适应与贸易相关的知识产权协议的现代框架这一方面来看，牵涉到深层的传统制度问题，同样困难重重，非一日之功。

南方传统制度和西方财产制度有着结构性的差异。西方的知识产权体系基于私人权利，集体性的知识和权利只有当这一社区作为一个公司实体时，才能得到承认。这正是西方知识产权用于传统社区的不足之处。传统社区带有共享的背景特质，其资源被看做是公共财产。例如，自古以来，非洲人民即自由、公开地利用食品的多样性，相关的信息一直都在社区内部共享，知识和经验都已是公有的，不存在财产权这一概念。在这种背景下，一方面，本土社区不具备理解财产权力与其生物资源的深层相关性，

① T.B. Egziabher,Study Report 1:*A Case for Community Rights*, The Institute for Sustainable Development , Addis Ababa,1996.

② T.B. Egziabher, *Intellectual Property Rights in Biological Diversity and Trade Agreements*,The Institute for Sustainable Development, Addis Ababa,2000.

一些社区受到文化和精神禁忌的约束，反对接受相关的经济补偿，害怕知识的效用将因此而终止。另一方面，很多西方利益集团把资源权利从社区剥离出来，并转授给私人，以尊重法律保护为前提，他们奉行的一个逻辑是：因为这些资源没有私人和公司占有，那么就应该是公有的，至少接近的通道应对所有人打开。[①]结果，南方的保护步履维艰、裹足不前，而北方的滥用却畅通无阻。

从国家内部看，地方社区在其国家中保护本土知识权力同样面临着诸多的问题。

南方国家很多地方社区面临的问题是，大多数国家政府继承了殖民体制的政府管理系统，剥夺了本土人管理自然资源的责任。数世纪通过地方制度管理资源的当地人，不得不屈从于私人权利的占有体系，甚至被迫迁往贫瘠、边缘的环境，本土人在原住地发展起来的生物资源管理系统被扰乱。殖民政府为本土人制定各种法律，把保护资源的传统实践视为生态不支持，新的立法也是从上而下的，并不考量本土人的生存处境。在津巴布韦，尽管现行法律在一定程度上承认本土人在管理资源中的作用，政府也把野生生物、水资源等管理权通过社区项目下放给地方政府。但是，政府并不愿意发展地方层次的资源管理。多数社区有能力控制其土地和自然资源的利用，相反，津巴布韦政府把权力下放给乡村地区委员会（Rural District Councils ,RDCS），而此委员会并不重视地方层次上的关系和条件。就津巴布韦现行法律看，赋予地方社区管理资源的责任困难较大。根据非洲实施的生物多样性支持计划（Biodiversity Support Program,1993），黑非洲国家公园和保护区附近的本土人对保护政策普遍持怀疑和不信任态度。[②]

① A.K. Gupta, *Rewarding Creativity for Conserving Diversity in Third world :Can IPR Regime Serve the Needs of Contemporary and Traditional Knowledge Experts and Communities in Third World*, Indian Institute of Management, Ahmedabad, P.6.

② C. Nhria, S. Baker, P. Gondo, J. J. Mangono, and C. Marunda , "Contesting Inequality in Access to Forests", *Policy that Works for Forests and People Series, No.5:Zimbabwe Centre for Applied Social Science and Forestry Commission*, Harare and International Insititute for Environment and Development, London, 1998.

那么，政府是否应该把生物资源保护的管理控制起来，并主持相关利益的分配呢？有研究者认为，政府既没有能力也缺乏地方层次上有效的管理手段，加上补偿本土人利益的复杂性，政府包办往往产生相反的效果。但是如何界定社区在自然资源管理上的责权利，政府应承担首要责任。只有保护的责权利明确，才能有效防止外界的掠夺开发。同时，政府应建立制度环境，使权力下放，以确保管理能够有效执行。①

那么传统制度如何与知识产权立法对接呢？一些尝试正在展开，最典型的做法是设立以社区为基础的公司。这种做法认为，社区是资源所有、资源管理的责任主体，应注册为公司，以便获得知识产权体制下的合法资格。1998年以来，非洲一些国家意识到社区在生物资源方面的权利，开始探索社区公司的结构。布基纳法索首都瓦加杜古采取指定主管办法，代表社区兼公司管理生物资源。主管一般是专家，其责任是把财产和资源包括本土知识进行文档化，并有律师负责法律文件的制作，以申请作为社区兼公司（community-cum-companies）的专利。由于大多数社区没有经济能力雇佣财产管理人，因此，政府和相关的非政府组织给予起始阶段的支持。黑非洲的很多国家有自然资源管理社团（Community Based Natural Resource Management ,CBNRM），其项目受到非政府组织和发展机构的支持，目的是促进本土人对可持续资源的管理。社区兼公司中每个社区成员都是共享的分子，为利益分配奠定基础。近年来，南方国家积极发展相关的法律，确立生物资源包括本土知识的法律认定体系，支持社区自然资源公司（community natural resource companies），以防止资源被非法掠夺和因没有法律上的所有者而失去补偿。②

---

① C. Nhria, S. Baker, P. Gondo, J. J. Mangono, and C. Marunda , “Contesting Inequality in Access to Forests”, *Policy that Works for Forests and People Series, No.5:Zimbabwe Centre for Applied Social Science and Forestry Commission*, Harare and International Insititute for Environment and Development,London, 1998.

② C. Nhria, S. Baker, P. Gondo, J. J. Mangono, and C. Marunda , “Contesting Inequality in Access to Forests”, *Policy that Works for Forests and People Series, No.5:Zimbabwe Centre for Applied Social Science and Forestry Commission*, Harare and International Insititute for Environment and Development, London, 1998.

当然，把社区公司化，需解除与经济相关的文化障碍，如制约知识补偿和准许开发生物多样性的社区文化禁忌等；需让本土社区悉知全球化的现实以及资源与生计的内容，显然，牵连着教育与文化变迁等一系列的复杂问题。一个社区与其环境资源有着历史的联系，并有着控制和调整资源的本土制度和实践权力。社区控制自然资源的权力因素往往先于私人权利进入资源，离开社区共享，传统、本土也将不复存在。但是，要改变传统的方式以适应公司的行为是困难的，个人、家庭、社区都有着特定的背景，为从地方环境遗产中获取生计的保障，不同阶层联系着的本土人群都对土地资源的控制有着不同的要求。

（三）本土知识数字化的伦理考量①

建立数据库，是保护与利用本土知识的基础手段。但是，本土知识数字化的信息伦理问题贯穿本土知识的收集、整理、信息组织及信息传播与利用的全过程，涉及民族知识产权保护、本土知识的本真性、本土知识的回流等问题，与本土文化保存和发展密切相关，这是理解本土知识权力维度的一个有意义的视角。

本土知识数字化是指借助计算机、互联网等技术与通讯设施，以数字方式记录、保存和传播本土知识。本土知识与其赖以存在的社区及其历史文化密切相关，甚至与本土人的身份认同、身份确立以及土地关系相关联，本土知识的利用难免要掺入权力政治因素。同时，本土知识主要存活在乡村社区，其持有者大多是弱势群体，常被称为“穷人的知识”，本土知识的鉴别和保护特别需要道德的支持。因此，本土知识数字化，并不是将一种知识由口头或书面形态转化成数字形态那么简单。它涉及社会、文化、民族心理等诸多问题，这些问题在一定程度上与信息伦理有密切关系。本土知识数字化应充分考虑到相关的伦理问题，从而确保本土知识在数字化过程中不失其本真性，促进本土知识的回流及广泛传播，达到本土知识的保护与利用的目的。

① 胡立耘：《本土知识数字化的伦理考量》，载于《宁夏社会科学》，2009年第1期。

在本土知识数字化过程中，无论是相关机构，信息技术人员，还是本土人民，都有可能面对不同的伦理选择。具体来说，本土知识数字化的伦理考量主要体现在以下几个方面。

为何数字化

在本土知识数字化中，面临着两种价值取向：是西方文化主导下的猎奇、掠夺性利用，还是从本土人民生存和发展的需要出发保存本土文化？本土人民多为少数民族，常常分散在偏僻贫穷的乡村，本土知识处于西方科学话语体系的边缘。西方文化在技术和语言上处于统治地位，容易借助信息媒介有意或无意地左右着本土知识的文化取向。在西方视野下的本土知识数字化项目，难免带有数字化项目资助者和执行者的学术或商业目的，从而可能使本土知识成为离开了其文化生态系统的迎合主流文化需求的怪胎。已有相当的案例揭露，本土人民的动植物学知识、传统医药知识被作为医药公司的新的发现之源，精神文化被篡改成消费型娱乐产品，手工器皿与传统功能器具成为成批复制的商品，致使本土人民的发展与文化保存成为空谈，并助长了本土知识的滥用、误用，引发生物及文化的海盗行为，反而加大了数字鸿沟。

如何数字化

本土知识是对特定的本土环境具有特殊的适用性的知识体系，与语言、仪礼、精神和价值观念等密切相关，本土知识的收集与保存不能采用孤立的方式。将本土知识从其特定的情境中抽离出来，会剥夺其本身的意义与固有价值。如在少数民族的传统医疗中，会伴随仪式、言辞、动作、表情等，从科学的观点来看，它们与治疗无关，但却是该民族接受治疗的一个重要组成部分。

本土知识数字化所依托的技术形式和组织框架是现代科学体系的一部分，本土知识是地方性的，但数据库形式是规范性的，把不同形式的本土知识没有评判地搜集起来并使之分散在数据结构中，容易导致普遍化和过度简单化。阿伦·阿格拉瓦尔（Arun Agrawal）认为，本土知识数据库的创建基础是工具性逻辑，在数字化过程中，人们运用科学标准进行检验和考察，抽取知识使之离境，通过编目、归档和传播达到普遍化，从而在本土知识内部造成分裂，甚至由于其选择、分散和重组而造成曲解和谬误。[①]

因此，本土知识数字化信息组织中面临的问题是：利用西方科学方法处理的本土知识，如何保持本土性？是坚持西方技术标准下的信息选择与组织，还是尽可能地保证本土知识的原样呈现？

为谁数字化

大多数的本土知识数据库作为研究资源或信息资源，收藏在研究机构或图书档案部门，本土人民不知道在哪里、以何种途径可以获得这些知识，以及这些知识为哪些人所利用。如果本土知识数字化项目没有考虑其对本土人民的用处及对本土社区的影响，那么数字化产品就难以体现它的本土使用的适用性和普遍使用中的特殊性。所谓适用性是指这些产品是否能满足本土人民的特定需求，是否充分考虑了本土人民获取和接受这些数字化知识的条件、能力（如基础设施、技术素养、本土语言文字的使用、传统分类方式等）。特殊性是指本土知识数字化产品的使用可能涉及信息提供者乃至整个部族的隐私、禁忌、神圣性情感与规则、自主性和人格尊严等，不能为了经济利益、投合消费者的旨趣而背离其习俗与规则，或因政治意识形态、种族观念导致对本土知识的粗暴化对待。因此，本土知识数字化产品可否为本土人民使用，以及本土知识数字化产品的使用范围和使用形式是否为本土人民所知情和认可，是值得注意的问题。

数字产品为谁所有

现有的知识产权法主要针对的是科学知识体系的产权保护，无法将本土知识纳入其法律框架。本土知识拥有者的群体性（过去、现在和未来的本土人民），本土知识拥有的永久性（无法确定使用期限），本土知识内容的动态性（不断变化，没有定本），本土知识的整体性（与本土人民的环境、生活、精神等密不可分，掺杂了经验甚至直觉），本地的与本土知识有关的习惯法，等等，导致本土知识产权保护存在诸多的困难，如谁拥

① 阿伦·阿格拉瓦尔:《本土知识与分类战略》,载于《国际社会科学》（季刊）, 2003 年第20卷，第3期。

有数字产品？是本土社区，数字化产品的研究者与建设者，保存原始文献的机构，还是投资商？如何保证本土知识的知识产权？本土知识的拥有者如何获得报偿？等等。

四、本土知识在当代兴起的发展论背景

基于对西方发展观的反思，本土视角逐渐引起学界的关注。从更广的历史背景来看，近代以来的殖民主义发展观、二战后冷战思维主导的发展观都对本土知识造成了严重的破坏和压制；平等发展观、可持续发展观、全面发展观的出现，为本土知识在当代的兴起逐渐铺平了道路。总的来看，从二战以来的几十年里，关于发展的讨论经历了几个阶段：从聚焦经济增长，到公平增长，再到全面、可持续发展，随之而行，本土知识逐渐被看做是可持续资源利用和平衡发展的关键，而此前的大多数理论观点却认为，传统知识和制度是发展的障碍。

二战后，随着广大的南方国家获得政治上的独立，发展成为其首要的任务。然而，在西方发展理论的主导之下，南方国家的发展走了许多弯路，步履维艰。西方发展理论以西方的政治与经济组织模式为范本，核心是经济增长和现代化，强调用经济的、技术的、政治的手段推进工业化、都市化、民主化和资本主义化。虽然发展理论有多种变体，但基本精神都是从西方的认知范式出发，普遍忽视了南方国家的多样性、现实性和复杂性。发展进化理论是西式发展论的基本理论，该理论认为，社会发展是从简单到复杂的一个线性模型，与生物进化的过程类似，遵循适者生存的丛林法则，因此，发达的北方有天然的特权来统治和保护落后的南方。以此为基础，发展的现代化理论认为，发展即社会从传统、小规模、乡村形态向工业化、都市化、大规模、复杂社会形态的转变，是一个线性进化的过程。进化理论和现代化理论都遵循线性的发展模式，没有考虑文化的多样性，也没有考量不平等的南北关系，是典型的欧洲中心论的产物。在这个话语体系中，本土社区的宇宙观和多样性话语被边缘化。非线性的发展理论有周期理论、结构功能理论、冲突论等。发展周期论认为，发展是以周期的形式前进，如同生物的生长，有成熟，有消落，当然也不可避免要衰亡，又被称为兴衰理论。发展的结构功能理论把社会作为一个系统来分析，认为社会系统中的组织是子单位，不同的子单位通过共享由总的社会系统给出的价值与规则而结合在一起，正是这些价值与规范使整个社会系统保持稳定和均衡，任何一个单位的改变，都会导致整个系统的重新调适，从而达到新的均衡，强调社会稳定是社会顺从的产物。发展的冲突理论认为，在社会发展过程中，冲突是自然现象，社会是资源和权力的竞技场，不同社会群体不断地为获取资源和制度的优势而竞争，构成影响社会变化的动力，社会稳定是社会冲突的产物：当一个社会群体支配另一个，则可能导致奴役，而当各社会群体之间有相当的力量，则达致稳定。非线性发展模式以更为复杂的视角看待发展，在一定程度上弥补了线性模式的简单化认识，但是，发展的主体——南方国家依然没有进入问题的中心。发展的依附理论是第三世界挑战欧洲中心话语的第一个主要理论。依附理论认为，边缘区域的不发达，是由于中心区域的资本过度积聚而造成的；

发达国家处在经济发展中心，不发达国家因处在边缘而依赖中心生存，这种依附关系既是不发达的原因，也是不发达的结果。依附理论将不发达的原因归咎于全球资本主义系统，认为资本主义同时产生了发展与不发展，相应地，第三世界国家依附于西方的金融、技术市场，只能通过低增长、低技术经济为西方的发达工业体系提供原料。事实上，依附理论着重强调的是第三世界不发达的原因而非解决方案，而且，依附理论主要从发展的经济和政治角度出发，无法解释发展的文化维度，这是一个严重的疏漏，因为文化分析是理解权力关系、南北关系的中心。另外，依附理论没能排除发展的进化模式，南方的权力、本土社区的权力未能得到伸张，最终仍然沦为西方优势论的鹰犬。把视角投向本土的发展理论，有平等增长理论和大众参与理论。平等增长理论注意到了财富的分配，特别关注失业层、弱势群体以及乡村的发展，但其焦点主要聚焦在经济发展上。大众参与理论认为，发展主体应参与决策、执行、评价并直接从发展项目中获益；不让穷人参与发展进程，是使其落后、增加其脆弱性的原因。这个模式常常被用来解释现代技术从北方转移到南方何以会失败的原因。技术发展过程中的参与，能使那些处在接触知识末端的人，尤其是穷人和脆弱群体，获得管理、控制变化的能力。大众参与模式主张乡村社区参与到决策过程之中，与发展规划者共同决定如何创造、 采纳、使用技术以维持生存、促进发展。在大众参与模式看来，本土民众参与的基础，正是本土知识和技术。本土知识和技术影响着社区该做什么、该获得哪些技术知识、该如何控制生活的变化等诸多方面的能力。当然，上述的所有模式都是“接受范式”（received paradigm），无不打着西方主导的全球秩序的烙印。例如，发展指标是以定量的属性如识读能力、教育、寿命、婴儿死亡率、收入与社会福利、选择、民主、参与、技术革新、研发等为基础的，西方价值仍然是定义发展的核心要素。试图将本土民众纳入发展计划的发展模式，如平等增长理论和大众参与理论，也难出其辙，大多执行由西方专家应用其发展理论规划出来的发展项目，仍然是一种“自上而下”的模式，处在本土情境下真正需要考虑的问题的外围。[①]基于对西方发展观的反思，本土

① 张永宏：《非洲发展视域中的本土知识》，中国社会科学出版社2010年版，第1—3页。

视角逐渐引起学界的关注。从更广的历史背景来看，近代以来的殖民主义发展观、二战后冷战思维主导的发展观都对本土知识造成了严重的破坏和压制，平等发展观、可持续发展观、全面发展观的出现，为本土知识在当代的兴起逐渐铺平了道路。①

（一）殖民主义发展观对本土知识的破坏

在1750年—1900年间，西方的社会和经济组织发生迅速和根本的变化，现代、发达、工业化社会在西欧、北美等地区诞生。古典经济学家亚当·斯密（Adam Smith）、马克思（Karl Marx）、马尔萨斯（Malthus）等是这一时期发展理论或者说经济发展理论的代表人物，他们的理论与政治经济、政治哲学紧密联系，是经济学、政治科学和社会学的综合体，涂尔干（Emile Durkheim）、马克斯·韦伯（Max Weber）的现代社会学就孕育在其中。他们探索对世界变化的解释，提出了社会和经济的组织与重组的基本问题，以及经济行为和政治行为的关系。他们所看到的经济系统，主要是传统社会的农业—工业经济，其经济的组成要素较简单，即工资、劳动、租金、土地、利润、资本家和企业家，主要关注的是这些组成部分的相互关系，以及国家财富和分配，对世界的看法仍然是国家主义的，重商主义支撑着主要的国家经济政策，主张政府不要干预经济行为，推崇亚当·斯密著名的“看不见的手”的积极效应。古典经济学对长远的未来持悲观主义态度，对新的和变化中的技术的影响认识不足。

1850年至二战是殖民主义全盛的时期，相关的发展理论则基本从属于殖民主义。荷兰经济学家玻厄克（Boeke）的二元经济理论、社会达尔文主义（Social Darwinism）、扩张主义的宗教哲学等，种种发展理论都在为西方势力的殖民扩张辩护。例如，韦伯的《新教伦理和资本主义精神》（*The Protestant Ethic and the Spirit of Capitalism*），强调宗教的影响，特

---

① Donald E. Voth,“An Overview of International Development Perspectives in History: Focus on Agricultural and Rural Development,” International Agricultural and Rural Development,AGEC 5163,2004.

别是加尔文教义（Calvinistic Doctrines）出现在日内瓦对刺激资本主义蓬勃发展的影响。这一观点深刻影响了后来的发展思想，[①]使人们放弃对新古典经济学发展观中重大问题的关注，转而关注现实的经济行为。这一时期，西方势力主张的发展战略所形成的主要结果有：（1）建立宗主国管理机构。地方管理者和制度起作用的程度因所依靠的殖民势力的不同而不同，但不管是殖民地政府或是地方政权，都是宗主国的权力机器，使本土政权、制度被废除或者被压制。（2）很多国家的边界被反复重新划定，完全取决于欧洲蚕食者的需要、进度和顺序。（3）殖民地国家经济主要转向原料生产。（4）殖民地发展了一些基本的基础设施，如公路、桥梁、铁路、邮政体系等，西式教育得到发展。（5）西方民主思想得到传播。尽管民主与殖民权力的目的相背，但一些殖民地的精英到国外学习，他们深受宗主国和书本中的西方民主思想的影响。（6）反殖民斗争发展起来。例如，1930年代的非洲，极为残酷的饥荒引起了殖民统治者的注意，不得不考虑在殖民地内建立食物供给的基础，但是直至二战结束，独立前创造的条件仍十分有限，反殖民压迫的斗争不断兴起。

总之，殖民主义主导的发展观，对本土社会造成了普遍的侵害，打断了本土社区自然的发展进程，本土知识受到前所未有的破坏。

（二）二战后西方主导的发展观对本土知识的压制

现代发展思想出现在二战后的1945年至1960年期间。这一时期，最重要的特征是南方国家获得独立。从1947年印度独立开始，至1960年中期，大部分殖民地获得独立，但普遍处在贫弱之中，发展经济和社会的愿望十分强烈。期间，欧洲和日本的快速重建，造成一个错觉，即减贫和帮助南方国家进入发展轨道并不难；美国这个“第一个新国家”成了样板，被作为一种成功模式统摄着发展的目标，与之不同的地方，要么必须改变，要么就是不发展的根源。

---

① W. A. Lewis ,*The Theory of Economic Growth*, Homewood IL: Richard D. Irwin, Inc. HD 82 L 417, 1955.

这一时期发展思想的另一种倾向，是普遍忽视农业的基础地位。农业被认为是消费部分而不是投资和生产部分，至少，与城市和工业相比，农业不是增长和发展的主导因素。这种认识意味着对农业的投入只会导致消费的增长，而不会导致国家资本总额的增长。路易斯（W.A. Lewis）即认为，乡村承受着剩余劳动力，因此其劳动力的边际生产率为零，因此对农业的投入是浪费，除非工业把农业的剩余劳动力抽走；农产品贸易缺乏优势，因此南方国家必须全力生产高价值的加工产品以扩大对国际市场的影响。在这种认识影响下，农业发展的重心局限于农业扩展，主要目标是要改变西方的技术和变种未能直接转移到亚非拉这一局面。因此，1947年前后，洛克菲勒基金（Rockefeller foundation）开始在墨西哥支持南方国家的农业技术研究。[①]另外，社区发展在美国、欧洲和南方国家同时出现，旨在使本地人在社区发展专家或乡村工作者（village level worker, VLW）以及政府的支持下，行动起来改善其社区的生存条件。[②]但是，社区发展初兴，发展尤为艰难缓慢，原因是多注重消费和社会服务，关注生产不足；受制于地方和乡村精英的保守认识，他们往往对发展中的必要变化不宽容；问题复杂，期望不易实现；来自上层部门（农业部、卫生部、公共工作部等）的专家，不尊重和容忍多面手的乡村工作者，而后者有能力推动乡村建设计划的执行。[③]同时，这一时期普遍感到对进步的失望。社会学、人类学开始关注农民、传统文化、非理性，反对变化。经济学家很多赞成玻厄克的二元论，声称在传统与现代的态度和行为方面存在着难以改变的基本的差异。

---

① Elvin C. Stakman,Richard Bradfield and Paul Mangelsdort,*Campaigns Against Hunger*, Cambridge, Mass, Harvard University Press, 1967.

② Donald E. Voth and Marcie Lyn Brewster,"An Overview of International Community Development",in James A. Christenson and Jr. Jerry W. Robinson,(eds.) *Community Development in Perspective*, Ames,Iowa: Iowa State University, 1989.

③ Voth and Brewster, Lane E. Holdcroft, *The Rise and Fall of Community Development in Developing Countries, 1950-65: A Critical Analysis and An Annotated Bibliography*,East Lansing, Michigan: Department of Agricultural Economics, MSV Rural Development Paper Vol. 2, 1989.

在此情势下，人们开始意识到，发展是困难的、复杂的。基于这样的认识转变，国家计划显得十分必要。以1955年印度的第一个五年计划为开端，工业化成为主题，进入发展的国家计划时期（1955—1965年）：南方国家普遍聚焦工业发展，但投资谨慎，主要以政府投资为主，公共资金发挥着重要作用；强调发展进程中各部门关系的分析；开始关注对“社会管理资本”（social overhead capital）的投入，如健康、教育、通讯等，发展研究达到高潮，私人和政府大量的资金进入地区发展项目，以及与发展相关的教育和研究项目。

这一时期最突出的发展特征是美国冷战战略的全面出台，①在其主导下的发展观认为，第一，发展的要务是创造起始条件，以激活发展。起始条件具备了，发展可以自为地推进；投资、投资的效率是起始条件中的重要因素，而投资可以从外部引进。这就是所谓的发展的“起始条件”论。第二，是落后的社会和文化障碍导致不发展，因此，南方国家应紧紧依靠西方世界，西方世界应努力训练南方国家的商业人士，使他们变为更理性、勇于冒险、具有国际化品质的创业者，更像西方的经济人（economic men）。第三，为了让发展的自然进程能够发生，直至起始条件具备、自我发展走入正轨，应动用现代军队阻止共产主义，遏制地方共产党发展的途径，因为这些政党得到苏联和中国的支持。共产主义，特别是地方共产党组织在不发达国家受到欢迎的原因，主要是那里的人民生活在苦难之中，如果他们的生存条件得到改善，共产主义的吸引力将减弱，甚至被消除。第四，社区发展可作为一种手段，促进最广大的民众与其直接利益相关联，特别是有利于促进地方的社会服务、教育等。②

总的来看，这一时期的主流发展观仍是在古典经济学的指导之下，广泛关注经济学、社会学、人类学和政治科学在发展上的应用，力图推进南

① W. W. Rostow,*The Stages of Economic Grouth, A Non-Communist Manifesto*,London: Cambridge University Press,1960.

② David C. McClelland,“N-Achievement and Entrepreneurship: A Longitudinal Study”, *Journal of Personality and Social Psychology*, 1965,Vol. 1: 389—392; E.E. Hagen, *On the Theory of Social Change*, Homewood, Illinois, Dorsey Press,1962.

方国家的社区发展、农业扩展、工业化和资本形成。但是，在冷战思维左右之下，发展理论不可能给本土知识以足够的空间。

（三）农业基础主义和平等发展观开始关注本土知识

1960年至1973年，人口爆炸引发了绿色革命。二战前的1930年代，很少有南方国家进行过人口统计，1960年前后，大多数国家开展了人口统计，结果发现，南方国家人口增长速度惊人，发达国家的婴儿出生量同样暴增。于是，马尔萨斯的人口论引起了广泛的重视。但是，在冷战、腐败、无能政府、专治、极端的社会分层并存的严峻背景下，要试图推进土地改革等重大的社会变化，是非常困难的，人们只能把希望寄托在农业技术发展之上。于是，洛克菲勒基金及其旗下的农业科学研究机构基于先前的经验，把大量的资金投入特殊的农业研究实验室，使国际农业研究中心（International Agricultural Research Centers, IARCs）遍布全球的研究机构网络成为推动绿色革命的技术后盾。在这种形势下，农业的发展和农业在发展中的作用，两股探索主流开始汇聚，形成了农业经济学革命性的新观点：路易斯所持的在传统经济中劳动力的边际生产率为零的观点是错误的；传统农民理性地遵循他们的资源分配方式，传统农业低生产率的原因不是源于文化障碍，而是源于农业生产技术；在很大程度上，农业是经济发展的基础，农业发展不仅对农业和乡村地区的生存状况和福利起着根本性的作用，而且对城市和工业地区有着广泛的影响。[①]在这种观点的影响下，绿色革命确立了农业发展在发展进程中的地位，为后来的农业基础主义（agricultural fundamentalism）的出现奠定了基础。[②]

在绿色革命的推动下，发展发生了重大的转变，撇开发展社会学和发

---

① Bruce F. Johnston and John W. Mellor,"The Role of Agriculture in Economic Development", *American Economic Review*, 1961,Vol. 51 (No. 4, September),p. 566-593; John W. Mellor and Bruce F. Johnston,"The World Food Equation: Interrelations Among Development, Employment,and Food Consumption", *Journal of Economic Literature*, 1984,Vol. 22(June), pp.531—574.

② Kenneth A. Dahlberg, *Beyond the Green Revolution: The Ecology and Politics of Global Agricultural Development*, New York: Plenum Press, (HD1415 D273), 1979.

展经济学不论，人口控制的设计和执行，以及资源向农业特别是向农业研究转移（植物育种），这两个领域取得了巨大的成功。当然，最为持久的遗产是遍布全球的IARCs网络以及农业基础主义成为发展的战略，深刻影响着1960年代后期和1970年代前期的农业发展理论和实践。①

然而，绿色革命在技术上取得成功，却在新技术资源配置的效果方面引起广泛的批评。人们注意到，产量增加了，但农民并没有受益；产量在研究基地实现，而没有在农民的田间实现。对此，有学者认为原因正是新技术所带来的不良结果。于是，探讨绿色革命技术的可接受性问题开始兴起。生物限制、管理限制等因素被置于与发展项目同样重要的地位，以建立农田、农民、技术、管理和生产系统的敏感合作体系的农业系统研究（farming systems research, FSR）以及后来的农业系统研究和延展（farming systems research and extension, FSR/E）被应用于世界不同的地区。②农业基础主义同样是批评的对象，批评者多强调复杂的社会文化环境和因素的

---

① International Agricultural Research Centers (IARCs) 包括以下主要机构: IRRI: International Rice Research Center, Los Banos, Philipines, Founded 1960, works on rice and multiple cropping. CIMMYT: International Center for the Improvement of Maize and Wheat, Mexico, founded 1964, works on com, wheat. IITA: International Intitute for Tropical Agriculture, lbadan, Nigeria, founded in 1967, works on grain, legumes, root crops. CIAT: International Center for Tropical Agricuilture, Cali, Columbia, founded 1968, works on beans, beef, cassava. CIP: International Center for Potatoes, Lima, Peru, founded 1972, works on potatoes. ICRISAT: International Center for Irrigation and Dry Land Agriculture, Hyderbad, India, founded in 1972, works on sorghum, pearl millet, pigeon an chick peas, peanuts. ILRAD: International Laboratory of Animal Diseases, Nairobi, Kenya, founded in 1974, works on animal diseases. ILCA: International Livestock Center for Africa, Addis Ababa, Ethiopia, works on livestock production. AVFDC: Asian Vegetable Research and Development Center, Taiwan, founded in 1974, works on vegetables. ICARDA: In Aleppo, Syria, Arid Agriculture. IFDC: International Fertilizer Development Center, Muscle Shoals, Alabama, founded in 1975, works on fertilizers in developing countries. IFPRI: International Food Policy Research Institute, Washington, D. C., founded around 1980, works on agricultural and food policy. ISNAR: International Service for National Agricultural Research, the Hague, Netherlands.

② Donald E. Voth, *An Overview of International Development Perspectives in History: Focus on Agricultural and Rural Development*, AGEC 5163 International Agricultural and Rural Development, 2004,p.23.

重要性。[①]此外，由于国内意识和政治的转变，美国严厉批评人口控制。对绿色革命和人口控制的一些过度的批评行为，一定程度上影响了发展的思想和实践，但对农业基础主义的批评却没有什么效果。后来的结构调整（structural adjustment）和政策对话（policy dialogue），依然借用了农业基础主义关于微观经济、生产经济定位的观点。[②]

到1973年至1980年间，国际发展停顿，绿色革命的热情开始消退。这一时期重要的发展战略有：农业系统研究（farming systems research, FSR）、整体乡村发展（integrated rural development，IRD）、基本需求战略（basic needs strategy）和建立新国际经济秩序（new international economic order, NIEO）等。此外，在卡特政府提升人权、援助的效果等问题的指导下，1973年，美国对外援助法案的修订版（Foreign Assistance）改变了美国的援助政策，即所谓的新方向，深刻影响着发展的走向。新方向的主要观点是援助应以穷国中最穷的人为目标，并尽可能在项目设计和执行中包括假设的救济对象。

在1974年联合国大会第60次特别会议上，南方国家提出新国际经济秩序（New International Economic Order, NIEO），旨在建立一种公平、有效的发展平台，以谋求合作与共同利益的实现。NIEO主张，不论经济和社会体系如何，都应纠正不平等和不公正，尽可能消除发达国家和南方国家间日益扩大的隔阂，确保为现在和后世子孙推进经济和社会发展创造和平、公正的条件。NIEO要求对南方国家债务进行重新谈判，重新定义贸易术语（事项），以及改革国际货币基金组织（IMF）和它的决策程序，使南方国家的产品能够更大程度进入发达国家市场，并获得联合国官方发展援助指标等。

① Kusum Nair, *Blossoms in the Dust*,Chicago: University of Chicago Press, 1961,and *In Defense of the Irrational Peasant*,Chicago: University of Chicago Press,1979.

② Food and Agriculture Organization (FAO),"Lessons from the Green Revolution",T*echnical Background Document for the World Food Summit*,1996. http://www.fao.org/wfs/final/e/Volume 2/to6 Sum-e.htm.2006-05-09.

同时，在农业基础主义的引导下，1970年代和1980年代开展了世界食品形势研究的一些重大课题，农业投入持续增长，并从商业作物转向了基本粮食作物。

从新方向和新国际经济秩序可看出，这一时期平等发展的思想受到广泛的认同。预防饥饿和死亡，保障基本的食品和健康需求，被提上了重要的议事日程，并达成了一些普遍的发展共识：制度是重要的因素，婴儿死亡率（infant mortality rate, IMR）是最好的指针，公平是社会建设的重要基础。虽然，这一时期是短命的，但却产生了重要的影响，为1980年代的粮食安全（food security）和后华盛顿共识时期贫困问题争议的有效解决奠定了基础。本土知识正是在这一时期开始兴起的。

（四）冷战结束、全球化提速为本土知识的兴起创造了有利的环境

1980年至1990年代早期，国际关系、发展政策和战略的转变，为本土知识的兴起创造了有利的环境。

发达国家对第三世界的发展放弃了希望和理想主义色彩。1960年代，西方国家的援助附带着严厉的要求，希望并相信南方国家能够发展起来并加入到发达国家的行列之中。但1980年代美国对拉美和非洲的政策就丝毫见不到这种理想。1980年代的新保守派知识分子和政策制定者认为自我利益比1950、1960年代的理想主义要好、要正确。于是，理想主义转向现实主义。紧接着，保守观念在美国和世界其他地方日渐得势，继而深刻影响着发展战略。在美国，不仅共和党统治着议会，而且国际事务基本上受控于该党的右翼势力，保守主义不仅概念化地而且具体地影响着美国内部的政治转化。

中国在1980年代早期的改革，越南在1986年开始的改革，刺激了冷战思维统辖下西方的对外政策和国际发展政策。美、欧为了捍卫既得地位，不得不重新定位第三世界发展的观点。1980年代早期的里根政府，在保守主义的推波助澜下，对外发展援助的政治化超过以往，早期应用于东南亚

的罗斯托（Rostow）逻辑被放弃，代之以简单的黑白逻辑。支持一切反共产主义、反社会主义的取向。从1950年代早期朝鲜战争到1989年冷战结束，来自美国和欧洲的冷战逻辑统治着整个时期的发展援助政策。这就意味着反社会主义联盟就可以得到援助，否则就无法得到有效的援助，如扎伊尔（刚果民主共和国旧称）的蒙博托（Mobutu）政权就持续得到援助，相反，其他民主、进步国家（如印度）得到美国的援助却很少。在冷战结束前的一段时期，美国对外援助的政治化、军事化倾向更加突出，美国政府公开或隐蔽地向拉美和非洲的各种右翼军政权和游击运动提供支持。

冷战结束后，失去了双边、多边发展援助的国际政治支持，国际援助的讨论沉寂下来。美国认为，30多年的国际发展援助主要目的是为了防止共产主义令人担忧的扩张，既然这种担忧已经消除，为什么还要为发展援助花费公民的税金呢？另外，1980年代早期，国际援助失去了公众支持，部分原因是美国经济相对被弱化。但是，发展援助的努力仍在继续，虽然不再显得强势。例如，国际食品政策研究所（International Food Policy Institute, IFPR）即努力主张“共赢主题”（joint gains thesis），一直坚持支持发展援助。[①]该理论认为，第三世界农业生产力的提高，有利于其进口美国的农业商品，因为第三世界国家一般生活水平的提高，必然出现收入增加、爱好的变化，进口食品和工业品的需求必然增加。[②]

全球化是大规模的经济和社会整合方式。全球化并不是新的事物，但正在加速。随着全球电视网和互联网的出现，通信已全球化。经济上，生产、产品市场、服务工业正在彰显着全球性。墨西哥、泰国、海地的社区

---

① Per Pinstrup-Anderson,Mattias Lundberg and James L. Garrett, “ Foreign Assistance to Agriculture: A Win-win Proposition”,Washington, D.C.: International Food Policy Research Institute, *Food Policy Report*,1995,No. 20.

② Joint Gains: 绿色革命的三层重要内涵。第一层内涵：主要通过植物育种提高农业生产力。第二层内涵：提高农业生产力，同时也就提高了乡村和城市的生存条件或福利(Well-being)。第三层内涵：共赢主题。该主题认为增加南方国家的农业生产力，不会降低事实上反而会增加南方国家从发达国家进口农业产品。见Robert Paarberg,“ Uniter States Agriculture and the Developing World: Partners or Competitors?”in *United States Agriculture and Third World Development: The Critical Linkage*, Washington, D.C.: Curry Foundation, 1987.

发现他们正在与美国和欧洲的社区在纺织和轻工业领域里展开直接竞争，结果，工资和劳动政策在低成本加工业中变成了国际事务，原因是通过国际和地区的贸易，各种经济要素全球化了。与全球化相关的一个重要概念是商品化（commodification）。这一概念同样并非新事物，至少可以追溯到涂尔干的社会一致性的多种形式，以及劳动的分配（division of labor）、精神错乱分析（analysis of alienation）、自杀的根源（a source of suicide）等，但是全球化拓展了商品化的进程，依据输入商品生产的劳动类型，在世界范围内把遥远的泰国乡村社区低工资工人和阿肯色乡村小镇上的低工资工人放入同一个"社区"，复杂的社会组织开始被看做社会资本，似乎所有事物的终极目的包括社会组织，都是输入资本进入产品的生产过程。同时，全球化使国家的重要性下降，国家政府对其通货已经失去了控制或放弃了控制努力，纷纷加入国际货币市场。即使在强保守主义倾向突出的自由市场国家，也普遍倾向强调私人部分而不是公共部分，对政府干预和国家倡导的发展很反感。

绿色革命兴起的时期，人们清晰地认识到农业发展倚重于合适的经济政策环境。于是社会注意力关注政策环境，而不是农业发展本身，这就是结构调整（structural adjustment）的一个突出特点。结构调整从农业获益，因为优先的政策倾向于通过控制价格和市场机制征收重的农业税，城市消费者的政治权力优于乡村生产者。这样，宏观经济学家占有中心地位，农业专家和生产经济学家被边缘化。在这样的背景下，政策对话、政治对话、民主化、私有化、可持续发展观、参与战略、公民社会等理念兴起，引动底层知识的价值一浪高于一浪地泛起。

总体上看，在冷战结束、全球化提速的背景下，发展方面取得了一些突出的进步，世界呈现出增长的状态，特别是亚洲的一些国家和地区创造了高速增长的奇迹。韩国、新加坡、中国台湾地区取得了快速、有效的经济和社会发展。中国和印度从大多数西方人料想的灾难性结局的趋势中走了出来，经济快速复苏，尽管还存在大量的贫困，但已成为巨大的经济和工业体。从更广泛的角度看，世界范围的福利、婴儿死亡率控制等都取得突出的进步。人口增长控制取得成效，除非洲仍处于快速增长态势外，全世界人口扩增速率显著放缓，已从1960年代的26年翻倍降至1990年代的47年翻倍。这些成就表明，其一，现代国际环境中发展的可能性被再次证实了；其二，发展是不可照搬的。这不仅给悲观主义以有力的一击，而且为研究本土知识创造了一个较为宽松的政治、经济背景和积极乐观的研究气氛。

（五）全面发展观、可持续发展观凸显本土知识的价值

发展最基本的指标首先是人均国民生产总值（per capita gross national product），该指标能反映出经济与人口的关系，揭示了GNP在各种人群中的分配即GNP与人口结构的内在联系。其次是婴儿死亡率（infant mortality rate, IMR），指1岁前死亡的婴儿比率，常用以衡量社会福利的水平。因为怀孕妇女和婴儿是极脆弱的群体，婴儿死亡率能有效反映基本食品提供的能力、公共卫生条件、基本医疗条件等。因此，GNP和IMR是既简单又基本的量度发展的指示数据。

但是，发展并不单纯是一个经济现象，发展是一个多维度的进程，包括对整个经济和社会系统的重组和重新定位。除了增加收入和产出，提高人们的物质和经济供给水平外，更根本的还包括制度、社会、管理结构和普遍态度的转变，甚至习惯和信仰的变迁。发展的国家背景也需要拓展，应加入国际经济和社会系统的认识维度。因此，发展包括经济、政治、社会等各种领域的发展，或者说与这些领域的发展密切相关。

全面发展观认为，发展的核心价值不仅应包括提供生计维持和基本需求的能力，而且应包括自尊：成为人；摆脱奴役：有选择权。发展的目标应包括增加可能性和扩大保障面：维持基本生存需求的食品、住房、健康和安全；提高生活水平：不仅有较高的收入，而且应包括就业岗位的有效供应，更好的教育条件，对文化和人文价值更多的关注，个人和国家尊严的保障等；扩大经济和社会选择可能性的范围：把个人和国家从对无知力量的依靠、受苦难奴役、受制于人的状态中解救出来。①

---

① Michael P. Todaro, Stephen C. Smith. *Economic Development*, Addison-Wesley, 2006.

事实上，正是全面发展观为本土知识合法身份的恢复奠定了基础。与全面发展观唇齿相依的可持续发展观，则更为清晰地阐明了本土知识的发展价值。从1972年的《人类环境宣言》、《只有一个地球——对一个小小行星的关怀与维护》，到1987年的布伦特夫人领导完成的《我们共同的未来》，1992年世界环发大会通过的《里约环境与发展宣言》、《21世纪议程》、《关于森林问题的原则声明》、《气候变化框架公约》、《生物多样性公约》，再到《联合国千年发展目标》等全球性的可持续发展文件，越来越把本土文化、本土知识列为重要的讨论内容。[①]

综上所述，从二战以来的几十年里，关于发展的讨论经历了几个阶段：从聚焦经济增长，到公平增长，再到全面、可持续发展，[②]随之而行，本土知识逐渐被看做是可持续资源利用和平衡发展的关键，[③]而此前的大多数理论观点却认为，传统知识和制度是发展的障碍。

① 许先春：《走向未来之路——可持续发展的理论与实践》，中国广播电视出版社2002年版，第60—80页。

② J. Black,"Development Jujitsu: Looking on the Bright Side, *Studies in Comparative International Development*,1993, 28(1),pp.71—79.

Watts, M. (1993) Development I: Power, Knowledge and Discursive Practice, *Progress in Human Geography*. 17(2),pp.257—272.

③ D. Brokensha, D. Warren and O. werner ,(eds) *Indigenous Knowledge Systems and Development*, Lanham: University Press of America, 1980.

M. Niamir,"Harder's Decision-making in Natural Resource Management in Arid and Semi-arid Africa", *Community Forestry Note 4*, Rome: Food and Agriculture Organization, 1990.

五、本土知识的全球意义

发展中国家的粮食安全问题紧迫而复杂，需要动员一切可能的、可持续的积极因素。本土知识是贫困地区粮食供给的基本手段,农业创新的土壤，贫困人群的社会资本,全球食物多样性的基础,在发展中国家的粮食安全体系中起着独特的作用。在经济全球化时代，发展中国家应充分认识、发挥本土知识的减贫功能，并努力使之成为贫困地区粮食供给的多元化手段之一，以保障粮食安全。

防控艾滋病的全球模式主要基于危机减少和治疗干预，在可接受性、可支付性等方面存在制约。非洲控制艾滋病流行的本土解决办法内容丰富，与现代方法相比，同样甚至更加有效。非洲典型的本土艾滋病防控模式有：危机避免模式、本土药物开发模式和传统护理、支持模式。

破坏环境的主要力量，是以利益、消费驱动为核心的政治、经济、社会运行机制，与之反向的全球环境理性建构，绝非哪一门学科甚至“科学”整体所能解决的，需要动员和整合人类全部的知识，包括本土知识。

从以上三个方面，可窥见本土知识的全球意义之所在。

（一）本土知识与发展中国家的粮食安全[①]

发展中国家粮食安全问题的紧迫性和复杂性

发展中国家人口占全球人口的80%左右，但普遍面临贫困的困扰。据世界银行统计，全球贫困人口的97%分布在发展中国家。进入21世纪以来，全球日生活费不足1美元的贫困人口一直徘徊在10亿以上，占发展中国家人口的1/5；日生活费不足2美元的贫困人口接近30亿，超过发展中国家人口的一半。估计到2030年，发展中国家的人均收入仍达不到发达国家的1/4。[②]更为严峻的是，随着经济全球化无序扩张，人类减贫的努力往往被公共资源过度消耗的负面效应所抵消，收效普遍未达千年发展目标的预期。在过去的三十多年里，全球粮食产量的增加超过了人口的增加，而发展中国家缓解饥饿的步伐十分缓慢，很多地区营养不良的人口还在增加。例如，在1980年到1998年期间，发展中国家粮食生产整体上在增加，但48个最不发达国家人均粮食消费却在减少。目前，全球至少有8.4亿人营养不良，其中约8亿在发展中国家。1996年世界粮食峰会（World Food Summit, WFS）提出在2000年到2015年间，每年至少减少两千万饥饿人口，但近几年的统计显示，平均每年减少量仅250万人，要在2015年实现这一目标，速度要加快10倍。据世界粮农组织统计，近年来，全球饥民比例还在回升，当下的金融危机已导致饥饿人口增加1亿多，增幅达11%，使全球饥民人数增至10.2亿。显然，饥饿问题的解决并非过去想象的那么容易，正如世界粮农组织所指出的，与恐怖主义相比，饥饿才是国际社会面临的最大的问题。[③]有鉴于此，一段时期以来，发展中国家不得不把粮食安全体系建设列为紧迫事项。

粮食安全包括两层意思，一是数量上的可能性，二是通道上的可获

---

① 张永宏、胡立耘：《本土知识与发展中国家的粮食安全》，载于《全球科技经济瞭望》，2010年第11期。

② 世界银行：全球经济展望：《驾驭新一轮全球化的浪潮》，中国财政经济出版社2007年版，第37、59、67—70页。

③ 张永宏、胡立耘：《美欧粮食援助政策对非洲粮食安全的影响》，载于《世界农业》，2010年第2期，第8页。

取性。1970年代，粮食安全的主要论调强调生产而不是分销基础，认为影响粮食安全的主要原因是技术。例如，1975年联合国对粮食安全的定义就强调在全球和国家层面上充足生产的关键性，侧重点是反映粮食作为基本需求的可能性。1980年代早期，对粮食安全的理解开始转变，更加强调可获取性和权利，粮食不安全不再简单地被看成是在国家层面上农业生产充足粮食的失败，而是家庭层面上可获取性的失败，强调个体权利在家庭、社区、国家以及国际社会复杂的相互关系之中的重要性。1996年，世界粮食安全罗马宣言（Rome Declaration on World Food Security）指出，粮食安全指所有人任何时候都有办法获取有营养的、足够的粮食的可能性，包括数量、质量、多样性及文化可接受性。实际上，可能性、可获取性和可支付性是粮食安全的三个要素，可能性指数量上的保障，可获取性指制度的保障，可支付性指经济承受力的保障。由此可见，粮食安全在一个宽广的范围上与国内、国际的经济、社会和政治因素紧密联系着，显得十分复杂。①

以非洲为例，非洲的粮食危机是自然灾害、特殊的气候类型、疾病、政策失误、社会冲突、政治经济危机等多种因素综合作用的结果，其粮食安全问题的复杂性十分突出。世界粮农组织的研究表明，若非洲全部可耕地投入使用，即使按低水平投入计算，其产粮能力约为2000年人口需求量的1.5倍；若按中等水平投入的话，更可满足5倍人口之需。②1970年代以前，非洲不仅能自养，而且是粮食净出口地区。非洲大陆的各种生态区孕育着丰富的本土方法以生产和保障粮食，但由于西方粮食援助政策的抑制以及本土应对政策的失误，这些基本的手段未得到有效的开发和利用。1970年代中期以来，非洲的粮食产能远远跟不上人口增长的步伐，是世界上唯一不能自养的大陆，成为粮食援助最主要的目的地。但是，多年来，外部对非粮食援助不仅收效甚微，反而抑制了自主保障能力的发展。在美欧，农业人口比例极低，农业的贡献还占不到GDP的5%，但政策制定者大

① 张永宏、胡立耘：《美欧粮食援助政策对非洲粮食安全的影响》，载于《世界农业》，2010年第2期，第8页。

② 文云朝：《非洲农业资源开发利用》，中国财政经济出版社2000年版，第82页。

量满足农民的需要，极力贴补农业。与之相比，非洲普遍缺乏稳定的政策支持，农业投入长期处在不足状态之中，仅相当于亚洲的一半，加之40%研发资金靠外援，严重制约着粮食安全基础的建设。同时，非洲的客观条件在很多方面使粮食安全体系的建设变得十分困难。在非洲，能自给的国家进口粮食，饥民充斥的国度却出口粮食，自然条件完全可能丰产的地区却聚集了贫困，资源富集的地区同样饥民遍野。人口快速增长固然是恶化的因素，据估计，当非洲粮食艰难增长1%时，相应人口却增长了2.3%，按8亿人口算，这个巨大的缺口相当于数百万人缺粮。但是，从全球的角度看，非洲要从根本上解决饥饿问题，还得靠自己。非洲应努力摆脱成为西方第二粮食市场的处境，尽快采取强有力的政策措施建构自身的粮食安全体系，以消除西方援助的负面影响，应对国际机构粮食援助锐减的趋势，包括摆脱对援助的依赖，加强对粮食生产的支持，建设基础设施如灌溉、运输、贮藏和分发网络，资助农业领域的研发，扩大化肥和农药的工业生产，维护市场稳定，拓展教育、选种、信贷等方式的服务面等，总之，应提供一切可能的、可持续的粮食安全途径。近年来非洲的本土知识实践表明，动员本土知识，就地解决基本口粮的供给，走资源导向的粮食安全之路，在非洲具有现实性和必要性。①

本土知识与发展中国家粮食安全的联系

本土知识常常被称作是穷人的知识、“老百姓的科学”。世界银行认为，本土知识是在规范的教育系统以外发展起来的知识和技术，亦可称作传统知识或地方性知识，它嵌入在文化之中，具有区域和社会的独特性，是穷人生存的重要资本，与社区的粮食安全、人畜健康、教育和自然资源管理等密切相关。联合国教科文组织同样认为，本土知识是乡村社区在农业、健康、食品供给、教育、自然资源管理和许多其他活动方面决策的基础。

从全球角度看，本土知识与发展中国家的粮食安全有着不可忽视的关联性。

---

① 张永宏：《非洲发展视域中的本土知识》，中国社会科学出版社2010年版，第61—67页

发展中国家的贫困问题，往往是疾病流行、资源耗竭、环境破坏、社会动荡、冲突频仍、发展受阻的根源。因此，减贫是发展中国家的首要任务，而粮食保障则是减贫的第一步。但是，发展中国家贫困面广，贫困程度深，维系粮食安全需要动员一切力量，其中，本土知识就是一种不可或缺的资本，在发展中国家的粮食安全体系中起着独特的作用。

首先，本土知识是贫困地区粮食供给的基本手段。

对大多数发展中国家的贫困人口而言，本土知识是必不可少的生存手段。据世界农村发展基金会估计，如果没有植物、动物、昆虫、微生物和农业系统等方面的本土知识提供食物保障，可能有2/3的世界人口无法生存。①例如，非洲是典型的贫困大陆，其农业生产主要依赖于传统手段，黑非洲90%的粮食生产依靠传统农业，本土知识在发展农业、增加粮食供给方面，起着重要的作用。千百年来，非洲人民在锄和犁的生产、使用，种子的筛选、储藏，农作物的间种、轮作等方面，积累了丰富、完善的经验，形成了系统的本土农业知识，对保持土地肥力、控制虫害、防止土地侵蚀、减少水分蒸发、阻止杂草生长、建构生态屏障、维持生物资源的多样性等都有着不可替代的作用，同时，村民在住宅附近种上耐旱、成本低、易贮藏的传统作物，可以防备饥荒。非洲大量的本土实践证明，包含在非洲本土知识中的粮食生产经验、食品加工方法和储藏方式，具有方便、实用、投入低、本地适合性好等特点，熟练掌握这些知识，对满足基本需要，适应环境，选择作物的可靠变异，确保粮食安全，是极为重要的。②

其次，本土知识是农业创新的土壤，有利于促进农业生产力的发展。

本土知识不仅是贫困地区生产基本口粮、改善生计条件的知识宝库，而且是农业创新的知识源泉，有利于提高农业生产力，与粮食安全的诸多要素紧密关联。几年前，可持续、生态、人本农业顾问协会在洪都拉斯开展农民创新研究，结果收集整理了52位农民发展起来的82项技术。其中，

---

① 张永宏：《本土知识概念的界定》，载于《思想战线》，2009年第2期，第3页。

② 张永宏：《非洲发展视域中的本土知识》，中国社会科学出版社2010年版，第61页。

值得进一步证实和传播的有45项，包括昆虫控制15项，有机肥料制备10项、植物病害控制8项，杂草控制2项，食品制备2项，动物饲养2项，植物繁育1项，绿色肥料1项，土壤保护1项，其他3项。①这一结果反映出发展中国家小规模农业利用典型的、基本的生物物理方法创新农业生产方式、控制病虫害和杂草的本土实践蕴藏着丰富的潜力。

事实上，越来越多的发展中国家在由政府推进的化肥使用、杀虫剂使用以及其他新的农业技术应用计划中，十分强调吸收、整合农民发展起来的本土技术，并重视大力支持农民的创新和实践。本土技术如石膏在土地改造中的应用，建筑等高的坎堤，土壤过滤，间种轮作，绿色施肥，自然混合肥制备和使用，有计划犁地等，看似简单，但却具有成本效益佳、环境友好性突出的优势，其积极的影响是多方面的，可增加妇女自助的收入来源，促进乡村发展，提高食品供给的保障程度，促进农民学校发展与本土创新相关的课程等。坦桑尼亚的一个农业发展计划，一方面，把农民嵌入到本土知识整理与自然作物保护计划的链接中，并通过相关的教育训练，影响农民把知识传递给其他人，另一方面，把信息技术运用于知识收集、整理和传播中，促进社区经验的共享，既而激发农民的创新热情和能力。农业社区具有敏锐感知其生计事项的本能，而本土知识对社区特殊问题的解决具有较强的针对性，因此，政府和发展机构日益重视帮助社区建立本土知识整理、证实、传播、交换、整合的机制，以催育社区的创新，有效提高农业生产力水平。一些国际发展机构的实践和研究表明，特别是在发展中国家，现代生物技术在开发贫瘠土地以获取更大的产量、更少的虫害威胁方面大多已走到极致，未来的社区和乡村服务提供者将更加依赖传统技术，因此，发展领域的参与者和研究者应不断锤炼本土技术，拓展社区知识库，共享问题、经验和方法，以促进本土知识与创新的链接，推动本土农业技术的发展，提高农业生产力。

---

① R.Bunch, M. Canas , "Farmer Experimenters : Self-developed Technology", October 2002. *IK Notes* 49.

近年来，发展中国家丰富的本土知识实践激发人们关注乡村创新进程及其前提条件，本土知识在粮食安全、乡村生计维持中所起的重要作用，本土知识中所蕴藏着的农业生产力创新力量，逐渐清晰地呈现出来。有研究表明，在社区层面上，本土知识与粮食安全的关键要素之间可能存在着多样而丰富的联系，如提高生产能力，维持生产的稳定和生态协调，为食物的紧急制备提供技术、经验支持，采用更适合的储藏手段以减少损失、减轻环境压力，获取基本生存能力，维系基本健康，增加就业和消费，为社区提供合理的分配机制等，如下表所示，本土知识在粮食安全体系中的作用是不能低估的。

粮食安全的要素	本土知识可能的作用和贡献
可能性（有效性） （availability）	提高生产能力 提供技术支持 提供更适合的储藏条件（减少损失）
可获得性 （access）	稳定生产条件（生态协调） 提供市场、服务、信息、权利支持 促进能力建设
利用 （utilization）	支持消费 支持水安全、粮食安全、环境安全、卫生保健 支持资源分配、粮食制备、动物饲养
背景条件 （frame conditions）	消费者和生产者的身心健康 维持生产方式、生活习性 教育 研究

从根本上看，加快农业发展，是解决饥饿和贫困的关键。国际粮食政策研究所（International Food Policy Research Institute，IFPRL）估计，农业生产能力每提高1%，贫困将随之减少0.6%。发展中国家的小规模农业在维持生计上一般都起着支配作用，非洲96%的农民以耕作小于5公顷的小土地为主，农业接纳的劳动力比例很高。世界粮农组织的一项研究表明，系统启用本土知识，在种子、肥料和资金等投入和服务要素同等的条件下，小农户比大种植园经济体更具生产活力，并能消化更多的劳动力。联合国

粮农组织曾在津巴布韦、坦桑尼亚、莫桑比克、斯威士兰展开过一项名为连接计划（The Links Project: Local Knowledge to Conserve Biodiversity and Achieve Food Security）的粮食安全发展项目。“Links”意思是强调粮食安全服务包含着的两种连接类型：地方知识与农业管理的连接；农业生物多样性知识与人力资源的联结。该计划为项目成员提供社区层次的多样性和差异分析，协助项目成员开展本土知识的文本化，培训研究者具备诱发农民讲述或演示知识、经验的能力，并建立了相关的机制，以保障获得的经验和信息为地方社区、非政府组织、研究机构和政府所运用。该计划的一个子项目“性别，生物多样性和地方知识系统与农业和乡村发展的增强”（Gender, Biodiversity and Local Knowledge Systems to Strengthen Agricultural and Rural Development），旨在提高乡村利用农业生物多样性知识的能力，以发展粮食安全体系，有力地促进了本土知识在维护非洲粮食安全方面的作用。①

第三，本土知识是贫困人群的社会资本。

对发展中国家的贫困人群而言，本土知识是投入生存斗争的主要资产，能有效为社区提供解决问题的策略，帮助形成环境和社会方面的地方理想和观念，在生产食品，维持环境条件，实现对自我生计的控制等方面发挥着基础性的作用，如草药，土壤和土地的分类，水资源管理和分配，工匠的技术，农业森林系统建设，处理农民和游牧民之间的土地争端，土地的公共使用和个人分配，冲突的调解，权力控制和财富分配系统等，构成社区生存的文化基础，与贫困地区的农业、动物饲养、民族兽药、自然资源的利用和管理、初级健康护理、疾病预防、心理健康、社区发展、减贫等密切关联。世界银行的减贫实践表明，发展中国家的本土知识是不可或缺的社会资本，在发展项目中发挥着综合的作用：（1）本土知识能为地方社区特别是穷人提供解决问题的策略；（2）学习本土知识能增进对地方条件的理解；（3）理解本土知识能提高救助对象的敏感性；（4）建立在地方性经验基础上的判断和实践，

① 张永宏：《非洲发展视域中的本土知识》，中国社会科学出版社2010年版，第65—67页。

能提高发展项目的影响力；（5）发展的本土方法有助于主人翁精神的形成，并长期影响地方群众与官员的关系；（6）本土知识为穷人的授权提供基础；（7）有利于提高现代技术应用的效率。

第四，本土知识是全球食物多样性的基础。

世界生物多样性资源的分布并不均衡。有研究表明，越靠近赤道，生物多样性越丰富，相反，越接近地球两极，生物多样性越贫乏；工业化国家主要分布在生物多样性贫乏的北方，而发展中国家大多分布在生物多样性资源丰富的热带地区。全球具有医药价值的植物，超过2/3的种类，至少有3.5万种，发源于发展中国家；今天全球食品基本供给主要依靠发展中国家的生物多样性资源。[①]同时，现代农业需要不断输入新的种质以维护和改善农作物的品质，包括产量和抗病性能，而大量的新种质来源于地方性变种的繁育，这些变种及其培育知识千百年来一直被保存在传统社区之中。国际社会正在建立基因银行以保护地方变异和本土物种的基因信息。这些物种的品质以及培植者的知识，被证明在选育抗虫、抗病、对苛刻气候条件的耐受力方面的优质品种具有不可替代的重要性。保护遗传品质离开保护其相关的培育知识是行不通的，因为储存在种子银行里的种子和克隆系并不承载着如何培植的机制，基因银行和当地农民、社区的选育技术和知识在物种的地方变异保护上是共同起作用的。因此，世界大部分农作物多样性处在发展中国家乡村农民的经营和管理之下，他们所拥有的本土知识是生物多样性的重要保护伞，是全球食物多样性的基础，并能为发展中国家的稳定、可持续发展提供多种多样的现实利益，如增加收入，维持稳定的生产，减少危机，有效使用劳力，利用有限的资源扩大生产，利用低水平的技术获取最大限度的回报，开发地方生态系统以发展低投入的可持续农业，为当地人提供可持续的管理策略等。

发展中国家应从维系粮食安全的角度重视保护利用本土知识资源

但是，发展中国家的本土知识正在面临着严峻的挑战，难以在维系粮

---

① Crucible Group. People, Plants and Patents : *The Impact of Intellectual Property on Biodiversity , Conservation , Trade and Rural Society*. IDRC,Ottawa,1994,p.118.

食安全方面发挥应有的作用。①

首先，对自然资源的滥用，破坏了本土知识存在的根基。

本土知识是人与自然相互关系的结晶，与自然资源唇齿相依，一损俱损、一荣俱荣，在经济全球化的背景下，自然资源多样性受到前所未有的威胁，本土知识将随之陷入困境。近代以来，发展中国家的资源一直是构成北方国家的原材料的主体。由于有经济实力和国际法作后盾，发达国家往往通过专利保护制度对资源的使用大开其道。同时，发达国家拥有利用自然资源多样性的技术，并具备使自然资源商业化的能力，迫使发展中国家的资源向西方的主要利益领域敞开，进而利用发展中国家的自然资源创造财富。在发达国家的财产权利体系和科学技术体系下，发展中国家损失越来越大，包括资源、知识和创新能力。发达国家虽然依靠发展中国家的自然资源获取了巨大的利益，但是，并不乐意与发展中国家平等建构利益共享机制，多哈谈判至今无果就是明证。很明显，在南北矛盾日益成为主要矛盾的全球局势下，发展中国家面临的突出挑战是：如何保护其资源免遭无偿滥用，如何推进资源利用的共享机制。这就需要探究发达国家和发展中国家在财产问题上、知识问题上相关的结构性差异，以解决未经准许和缺乏补偿就对发展中国家本土知识和资源进行高强度开发利用的问题。但南北分歧根深蒂固，本土知识的保护步履维艰。②

其次，现代技术的广泛使用，压制、遮蔽了本土知识的效用和价值。

机器、化肥和农药的进入，使本土低投入低产出的生产系统转变成为高投入高产出的生产系统，这种高效的新生产系统必须依赖于本土生产系统以外的要素来支持。问题在于，这种大量的高投入生产系统并不都是可持续的，也不是总能达到期望的高产出。主要原因是外源生产系统所携带的配套政策和标准常常构成限制初级生产者利用这种新生产系统的因素。

---

① John Aluma,"Sustainable Agriculture and Rural Livelihoods: Local Knowledge Innovations in Knowledge and Learning Group African Region of the World Bank, *Indigenous Knowledge: Local Pathways to Global Development*, http://world bank.org/afr/id,2008/03/05.

② 张永宏、胡立耘：《美欧粮食援助政策对非洲粮食安全的影响》，载于《世界农业》，2010年第2期。

例如，由发达国家提供的技术、贸易、竞争、市场带来了一系列的挑战因素，包括食品生产、加工、供给的政策性标准，如价格、补贴、工艺要求、市场限制、土地使用权变化等；还包括不恰当的技术转移，如一种特定的栽培品系被应用于多种环境，温带地区的生产方式被引入热带地区，缺乏本土病虫免疫机制的植物、动物的大量繁育等。毫无疑问，农业现代化和随之而来的土地使用要素的变化，必然导致遗传多样性的减少以及热带土壤失去有机质或发生侵蚀。为了消除这种趋势的影响，必须努力把本土特有物种重新引入主流作物和家畜的基因库中，但本土知识普遍处在现代技术的视野之外，其有效利用受到短视、偏见以及财力、物力的限制。

第三，文化多样性减少的趋势将使本土知识资源的土壤萎缩。

当今世界，绝大多数问题都源自于试图将一种文化凌驾于其他文化之上，制造单一文化的优越性和普世性，以服务于经济的扩张。西方主导的全球化，就是把强势经济和强势文化捆绑在一起，互为表里，严重威胁着文化多样性的存在，本土知识赖以存在的土壤将随之萎缩。

发展中国家的事实表明，由于粮食的短缺，很多社区恢复了依靠传统作物作为主食的生存手段。传统社区对生存挑战的应对方法，促使发展中国家学者思考和探索本土知识发挥作用的环境和机制。例如，本土知识的实践是以什么样的方式实现生态上的可持续性、经济上的可行性和文化上的可接受性？本土知识为什么是粮食安全的保障基础？谁是本土知识适应和创新的推动者？本土知识实践的促进和限制环境是什么？成功实践的本土支持和挑战因素是什么？对这些问题的研究，使本土知识专家认识到，对乡村生计挑战的本土反映是综合的方法，而不是简单的纯技术性的；社区生存的本土方法与食物供给、健康保障、就业、社会和人力资本形成、制度和社会网络建构等紧密地联系着；政策制定者需要更好地理解本土生计实践首先是一种文化的存在和显现，更进一步，应认识到本土实践是“试错”的结果，并没有标准化，很多本土实践是否可行，很难有定论，因此，本土知识应尽可能地得到收集整理，以避免失去最好的本土实践。问题在于，本土文化是本土知识赖以存在的土壤，但本土文化是一种弱势文化，很难抵抗住与经济全球化相伴生的文化同质化的影响。①

由此观之，在经济全球化时代，发展中国家应充分认识、发挥本土知识的减贫功能，并努力使之成为贫困地区粮食供给的多元化手段之一，以保障粮食安全，这就迫切需要重视研究本土知识，加强对本土知识的保护和利用。

（二）本土知识与艾滋病的防控②

非洲是全球艾滋病危害最严重的地区，现代医学方法由于在可接受性、可支付性等方面存在制约，显得乏力，相反，非洲防控艾滋病的本土模式发展迅速，成效明显，越来越引起重视。非洲较为典型的本土艾滋病防控实践方法主要有三种模式：危机避免模式、本土药物开发模式和传统护理、支持模式。③

危机避免模式

预防控制艾滋病的全球模式（the global model of AIDS prevention）在非洲失效的例子并不少见，原因是这种模式仅基于危机减少（risk-reduction）和治疗干预，如使用安全套和药物治疗性传播的感染，而不是基于危机避免（risk avoidance），如性专一或一夫一妻、性节制、推迟首次性行为的年龄等。

1980年代后期，危机减少模式（risk-reduction model）成为输入非洲的艾滋病防控范式，在高危人群中（high-risk groups）发展起来。危机减少模式总的认为，转变行为是困难的或不可能的，努力应集中在缓和性行为的结果，而不是非科学地限制性行为本身。于是，安全套和注射针头被提供作为减少性传播和输血传播艾滋病病毒（HIV）的基本工具。在这种

① 张永宏：《非洲发展视域中的本土知识》，中国社会科学出版社2010年版，第75页。

② 张永宏、胡立耘：《非洲防控艾滋病的本土模式》，载于《医学与哲学》（人文社会医学版），2009年第4期。

③ Eduward C.Green, “Indigenous Responses to AIDS in Africa”, in Knowledge and Learning Group African Region of the World Bank, Indigenous Knowledge: Local Pathways to Global Development. (2003-02-03)[2008-0215].http://world bank.org/afr/id.

科学认知模式的统摄下，艾滋病专家对开放思想和快捷的功效主义大加赞赏，一直没有意识到对性行为加以转变和限制。

事实上，危机减少模式在流行病学上和文化背景上并不是符合非洲现实的唯一良方。首先，危机减少模式主要靠提供和鼓励使用安全套。但是，在非洲，没有任何证据表明规模性提供安全套与艾滋病病毒感染率下降密切相关，也缺乏确定的案例证明通过提倡安全套使用而实现对艾滋病流行的控制。相反，联合国艾滋病研究机构有研究证实，使用安全套与艾滋病的流行没有明显的相关性。其次，危机减少模式主要依靠相对昂贵的大规模治疗方法进行检测和治疗，普遍超出了非洲人的承受能力。第三，这种方法可能适合旧金山、圣保罗和曼谷，移植入非洲，既不适合非洲文化，也不适合流行病的状况。在美国、欧洲和大多数亚洲国家，艾滋病病毒感染集中在一些易于清晰界定的高危群体之中。在黑非洲，大多数感染发生在一般人群之中。加之，非洲人习惯认为，不能孤立危险人群，否则将使他们感到屈辱。所以，非洲控制艾滋病的口号应是“我们都处在艾滋病的危险之中”，才符合非洲的平等主义和实际情况。①

从艾滋病在非洲出现、流行的历史看，本土应对不仅重要，而且从一开始就显示出独特的功效。

当艾滋病刚出现在非洲时，很多政府并没有意识到即时处理事态的重要性，而且还心存疑虑，担心人们义愤地责备非洲人，担心旅游业和外商投资受损。但是，乌干达和塞内加尔非常迅速地及时应对艾滋病，它们是最初两例艾滋病病例被成功描述、报道的提供国。这两个国家在西方艾滋病专家组织进入援助之前的自主应对的方案，日益引起研究专家的重视。

乌干达和塞内加尔发展的艾滋病预防方案的核心要素是强调基本行为的转变和治疗干预同等重要，它们把艾滋病看做是需要行为学方案来处理，而不仅仅是靠药物治疗的疾病。这两个国家都显著地降低了艾滋病的流行程度，并有效防止其进入一般人群。据报道，乌干达HIV感染率下降

① Buve.A.Carael, R. M..Hayes, et al. ,“Multicentre Study on Factors Determining Differences in Rate of Spread of HIV in Sub-Saharan Africa: Methods and Prevalence of HIV Infection”, *AIDS*,15(Suppl.), S5-S14. 2001.

了66%，是任何其他国家都没有达到的。

乌干达典型的防控方法叫做家庭成长方法（home-grown approach）。家庭成长方法的核心是基于一种本土的隐喻叫做“zero-graze”，意思是不要有婚外的性行为或建立一种稳定的性关系。这一项目实施仅3—4年，行为调查显示，随便的婚外性行为显著下降，首次性行为年龄推迟。相反，随意性行为现象主要发生在使用安全套的人群之中。

乌干达率先致力于消除艾滋病的心理影响，把性行为的讨论带入公开状态，让公共教育进入到感染者中，劝勉个人和夫妻参加检测和咨询，并大力提高妇女的地位。乌干达一项提倡忠诚和使用安全套的项目抓住感染的直接因素，鼓励个人力所能及地转变（或维护）行为，以减少感染的危险性。当然，这些项目的有效执行，需要处理社会和制度方面的诸多困难，离开强有力的政府领导是很难奏效的。乌干达的这类项目一般都由政府卫生部直接领导，同时积极鼓励非政府组织和基于社区的地方性组织全面参与。据报道，1995—1998年期间，大约每年有4 500—6 750名乌干达宗教人士为进入艾滋病预防领域而接受培训；乌干达1/3的行政区开展传统医师培训，每年超过1 800名传统医师接受培训，历时多年，官方启用的本土医师超过了非洲的任何一个国家。乌干达的一个非政府组织THETA，致力于发展艾滋病预防和治疗的组合模式，吸引、锻炼了一支数千人的传统医师队伍，是乌干达本土医师培训的典范机构。

塞内加尔和乌干达一样，是非洲最早承认有艾滋病并开始执行有效的预防和控制项目的国家之一。美国人口统计局（BUCEN）肯定塞内加尔和乌干达政府没有让这种流行病失控的卓越业绩。联合国艾滋病机构的调查表明，塞内加尔是艾滋病血清流行率最低的黑非洲国家，稳定在总人口的1%以下。其措施主要包括：（1）当1980年代出现第一例艾滋病病例时，塞内加尔政府即快速采取措施应对。（2）因塞内加尔93%人口为穆斯林，政府的努力同时包括了宗教领袖的参与，预防艾滋病成为清真寺固定布道中的常规主题。（3）塞内加尔最广泛地动员各种组织参加艾滋病防控行动。到1995年，200多个非政府组织主动参与，约50万妇女参加了各种活动小组。（4）学校广泛开展性知识教育，不在学校的青年则由社区组织教育。通过调动本土文化的全面嵌入，塞内加尔民众在行为转变方面十分明显，如性伴侣减少，首次性行为年龄提高。2001年联合国艾滋病组织和塞内加尔卫生部对达喀尔15到23岁之间发生性行为的未婚女性的调查显示，发生过性行为的占4.1%，而且只有一个性伴侣。而在其他国家，仅20—23岁之间的比例即高达11%。

像乌干达和塞内加尔这样，预防艾滋病紧紧依靠本土的力量和认识，并动员宗教组织的支持，在初级学校中开展教育，通过本土权威强化对性的敬畏意识，这与西方的方法大为不同，是本土的、非洲的。在两国的影响下，提倡探索抗艾滋病的“非洲方法”，强调整合传统医药进入艾滋病预防的必要性，这方面的本土实践在非洲得到广泛开展，有力推进了整合传统医药进入公共初级卫生系统核心的战略，如在稀缺医药植物的保护和信息交换，发展相关的法律和制度框架以促进传统医药进入主流健康卫生实践，建立传统医药产品加工和包装的标准，把传统医师培训成为社区教师等方面，都取得了突出的成就。总之，非洲从本土文化出发所创立的危机避免模式，在提供出更多的防控方法前强调基本的行为转变，是现实可行的，也是可持续的、廉价的。相反，在危机减少模式下，美、欧的一些关键人群中的感染率出现再度上升。①

本土药物开发模式

把传统医药知识整合进政府卫生事务，受到全球的广泛重视。早在1978年，世界卫生组织（WHO）、联合国儿童基金会（UNICEF）、联合国艾滋病防治办（UNAIDS）以及传统卫生领域的非政府组织（如the Common Health Working Group on Traditional & Complementary Health Systems）等，即倡导关注本土医药。在过去的几年中，很多组织已发展了各种各样的资源和政策支持这种努力，包括在非洲建立与艾滋病相关的传统医疗研究机构。世界卫生组织曾提议，本土医药如果在现实运用中无毒副作用报导，即可快速展开毒理学规律的实验，以及三期临床实验。

---

① Michael Gross, The Status and Trends of the HIV/AIDS in the World,Durban, South Africa. 2003. p.49.

艾滋病的主要治疗药物是抗逆转录酶病毒药（Antiretroviral, ARV），十分昂贵。在非洲，很多人无力支付高昂的医疗费，甚至就医的交通费。传统医药不仅廉价、易接受，具有文化适合性，而且通常有效。尽管非洲本土知识长期受到殖民压迫，但传统医师的数量远远超过现代医生的数量，二者的比例至少是10∶1。近年来，很多专家把本土知识视为第二知识系统，围绕着传统医学和民族医药展开广泛的研究和应用，不断揭示本土知识在疾病防控方面的特殊价值。

非洲一些国家政府高度重视本土药物的开发利用，并成立了各种各样专门的本土医药管理、研发机构。例如，设在南非开普敦的非洲传统医药国家咨询中心，专门指导医用植物的研究，传统医药信息系统的建立，传统医药教育和培训的开展，相关加工工业的发展，以及本土知识产权和专利的保护。南非前卫生部长沙巴拉拉博士（Manto Shabalala）认为，“非洲传统医药凭其自身的内涵，足以成为一种科学”而整合进西医。他曾力主把非洲马铃薯、大蒜、甜菜作为艾滋病防控战略的部分加以利用，曾遭到媒体的谴责和嘲笑，但是，科学证据支持其论点。例如，瑞士医疗卫生专家哈桑伯格（Josef Hasslburger）研究指出，艾滋病人血液中三价铁高于二价铁，阻碍了氧的运输，使细胞致死，导致各种综合症，以致肌体无力杀死病毒，而甜菜的红色素能增加氧的吸收，是特效抗艾滋病、抗致癌药物。设在肯尼亚内罗毕的国际发展研究中心（IDCR），建立了传统草医与研究专家、社区与企业家、发展机构与政府之间的一个连接网络，以促进医用植物的有效利用，并整合传统医药知识进入公共卫生学校。马达加斯加把约600种有医用价值的植物存档，并加以努力开发利用，一种名叫玫瑰长春花（rory periwinklt or Vinca Rosa）的植物药已被成功商业化。艾滋病感染最严重的南非夸祖鲁—纳塔尔省（KwaZulu-Natal）于1999年建立了南非第一个省级传统医师协会，大约有700名医师通过正规考试。该省HIV阳性病人大多数得益于祖鲁兰德大学（Zululand University）民族植物学家哈特琴斯（Anne Hutchings）提供的具有免疫调节功效的植物药。其实，非洲人主要甚至专一依靠植物药和本土疗法的人数不断增长。制药工业界也开始认识到民族药物转化为新的市场药物的巨大潜力，高度重视基于本土知识的新药研发。乌干达的企业即大量筛选、提供能治愈带状疱疹和艾滋病相关腹泻方面的一些地方草药。近年来，世界银行和一些非洲国家已经意识到，传统医师赖以施展绝技的医用植物及其相关文化正在消失，当务之急是应在社区中保护、商业性种植医用植物，同时，应给予传统医师以重要的地位，因为他们提供了治疗艾滋病和遏止其扩散的一种希望。①

传统护理、支持模式

对艾滋病感染者和其家庭，除预防外，更重要的是护理、支持和治疗。在贫困的非洲，一些基于家庭的本土低成本护理和支持项目受到日益广泛的重视。实践表明，把地方专家、本土知识和现代医疗工作者组合起来，可以提供复合的、低成本的、有效的护理治疗方法。

一些基于社区的项目为艾滋病病毒感染者提供有关增进营养、心理、社会、精神、参与、减轻压力、促进免疫系统健康和发展积极的心态等方面的信息和咨询。例如，针对艾滋病患者对维生素A的需求，社区通过扩大种植本地水果和蔬菜的办法，有针对性地加以补充。恐惧感、耻辱感、挫败感常常使艾滋病毒携带者有意隐瞒身份，放弃希望，进而造成免疫功能加剧降低，导致进一步恐惧和焦虑的恶性循环。基于社区的艾滋病教育和关爱，给病人提供了生的希望，使之敢于挑战流行一时的“艾滋病即判死刑”的说法，积极做好自我护理。

非洲传统护理、支持模式的内容是广泛的，对贫困的非洲大陆而言，基本生计的保障也是重要的基本支持环节。在非洲，绝大多数艾滋病患者生活在乡村，艾滋病成为乡村的头号问题。有艾滋病人的家庭（people living with AIDS, PLWA），经受着健康、劳力短缺和劳力减弱、社会孤立、经济支出大、家务需重新分配、对病人的关照等问题的压力，必然加深已有的贫困。这种家庭在挣钱能力受限的同时，药费上涨，额外账务增加，往往要为此付出巨大的努力，甚至需要变卖财产，如牲畜、工具和种子，继而影响到社区的发展：由于投入困难，经济作物生产被放弃，导致

① M. Naur, Indigenous Knowledge and HIV/AIDS: Ghana and Zambia, *IK Notes* 30,March 2001.

乡村社区生产行为的减少，农业生物多样性的保护减弱，土地被放弃或欠投入。因此，对于有艾滋病人的家庭，首要的是保障提供食物，粮食安全极为重要。其次，这种家庭需要大量的药物，但一般无力支付西药费，大多数靠传统草药，需要大量的传统医疗服务。第三，增加收入显得十分迫切。如何有效应对这些现实困难呢？非洲社会靠若干世纪发展起来的植物和牲畜维持生计，这种农业动植物的多样性和关于这些资源的知识，二者构成乡村社区发展的两个主要资本，即农业生物多样性资源和本土知识。基于本土资源、知识和技术的农业，投入少、劳力消耗少、收入稳定，对保障乡村生计，稳定乡村社区，继而对减缓艾滋病的影响，促进艾滋病的防控，起着重要的作用。[①]

综上所述，非洲防控艾滋病的本土模式符合非洲实际，也取得了显著的效用，值得大力加以发展。但是，也要看到，在非洲，本土医药知识在实际运用中遇到诸多困难和阻力，普遍存在诸如政府重视不够，医学界不予承认，技术上联合困难，传统医师地位较低，知识产权保护乏力等问题。例如，南非、坦桑尼亚、乌干达、喀麦隆等国家，已有成功治疗艾滋病的本土解决方案报道，但却遭到政府的怀疑和忽视。在南非，艺术、文化、科技部长委员会关注种族隔离对本土知识破坏的纠正，卫生部则更关注寻找不安全的实践和有毒的植物药并加以限制，而传统医师则担心由此带来的限制和对其技术、权利保护的忽视，担心遭遇商业性掠夺和剥削，各种力量莫衷一是。专家普遍轻视本土医疗，民众往往认为自然药、本土疗法是乡村使用的二等药，现代药主要用于城市精英，反映出传统与现代的整合是一个突出的困难问题。其实，当然应当给穷人使用最好的药，关键是要找到可行的支付方式。事实上，寻求抗逆转录酶病毒药（ARVS）的支付方式，基于本土知识的弹性支付系统在其中同样起着重要的作用。此外，传统医师涉及的心理经验，往往被简单地视为迷信和非理性的产物。其实，非洲传统疗法包含着整体论和超越论的文化元素，通过把个人

① 刘鸿武、张永宏、王涛：《基于本土知识的非洲发展战略选择——非洲本土知识研究论纲》（上），载于《西亚非洲》，2008年第1期。

的信仰系统嵌入治疗过程，精神力量有着巨大的辅助作用，人们迫切需要做的，是从"非洲心理学"的视角出发，为本土医疗技术提供应有的理论支持，而不是妄加否定。①

总之，在非洲，自然疗法对抗机会性感染的有效性已被反复证明，很大比例的人使用传统医药。其实，非洲人民世代以来都在利用有效能的植物，合成各种地区性的治疗方法。近年来，研究专家意识到，系统研究传统植物药制疗方法的嬗变，把口传证据、传统医疗的记录和药理学研究联系起来，分析科学家、传统医师和植物专家之间相互作用的关系，依据植物药的商业化案例重新设计全球知识产权制度，探索过分昂贵的HIV抗逆转录酶病毒药在贫困地区的配给机制，等等，都是极有价值的研究课题。有学者指出，"只有把各种力量——政府、民间社会、艾滋病病毒感染者和受影响者、私营部门和捐助者都包括进来，才能真正形成强有力的国家战略对策。尤其重要的是，要把社区作为艾滋病防治工作的基地开展工作。"②其中，全面动员社区本土知识，开发本土模式，值得世界各地加以重视。

（三）本土知识与全球环境理性的建构
——从生态学、经济学到"民族科学"的知识动员和整合

1972年，首次人类环境大会召开，有113个国家出席，联合国教科文组织、世卫组织、粮农组织、世界银行等政府间组织和一些国际性非政府发展组织参会。大会呼吁应利用人类积累的一切知识和智慧保护环境，应着力培植全球新的环境敏感型的文化和知识智慧。③

---

① E.C.Green,AIDS and STDS in Africa : Bridging the Gap Between Traditional Healers and Modern Medicine,Boulder, Co. and Qford ,U.K: Westview Press, 1994.p.57

② 詹世明：《艾滋病：非洲的世纪难题》，载于《西亚非洲》，2001年第4期。

③ Warren,D.M., L.Jan,Slikkerveen, D.Brokensha, *The Cultural Dimension of Development*, Intermediate Technology Publications Ltd.,103-105Southampton Row,London WC1B 4HH, UK, 1995,pp.505—511.

其实，生态学的警示，早在1930年代即被提出。到1950年代，生态学的保护观念和手段已进入科学领域。例如，1956年权威的生物学课本《现代生物学》（*Modern Biology*）即给出了生态学的定义：研究生物与其环境的关系，旨在通过消费和再生产的协调和不断循环，使生命世界维持自然平衡。①1975年，联合国教科文组织和世卫组织发起的人类生态学大会指出，为保障人类身体和精神的健康，人与环境必须达到平衡。②在此背景下，1970年代开始的生态发展运动（eco-development movements）把生态系统研究的整体观拓展到社会研究领域。进入1980年代，生态发展运动的主题转变为强调环境效益，更加关注本土知识的实用性和经济性。世界环境与发展委员会（World Commission on Environment and Development）和世界银行1988年的年度报告吸收了生态发展运动的有益成果，并在乡村发展中强调自然环境和本土知识的联系性。③

生态学的一个分支"人类生态学"（human ecology），研究人类与自然界、社会文化系统之间的关系。自然资源保护是人类生态学的一个重要主题。但是，早先的生态学家和保护专家借用普通生态学的一般概念，却多用货币来判断保护的价值，原因是西方的自然资源保护需要工业界的合作与支持，商业界同样需要借助生态学使其资源利用有所节制，否则就会导致资源快速消耗而枯竭。这样，保护生态学的市场化暗藏在早期环境保护的目标之中，保护就与经济问题联系在一起了，生态学家不得不向工业

① T. Moon, P. B. Mann and J. H. Otto, *Modern Biology*, New York, Henry Holt and Company, 1956,p.725.

② P. Macuch, "Statement of the WHO", in H. Knotig. (ed.) *Proceedings of the International Meeting on Human Ecology*, Saphporin, Switzerland, Georgi Publishing Company, 1976.

③ Brundtland Report :Our Common Future, World Commission on Environment and Development, Oxford, Oxford University Press , 1987.

E. Vanek, "Enhancing Environmental Resource Management in Developing Nations through Improved Attitudes Toward Indigenous Knowledge Systems: The Case of the World Bank", in D. M. Warren, L. J. Slikkerveer and S. O. Titilola (eds) *Indigenous Knowledge Systems: Implications for Agriculture and International Development Studies in Technology and Social Change 11*, Ames, IA, lowa State University ,1989, pp. 121—137.

发展的利益低头。[1]到1960年代，生态学原则的经济关系被普遍接受，并被工业管理者广泛运用。1969年出版的《自然资源管理的生态系统概念》（*The Ecosystem Concept in Natural Resource Management*），是一本国际资源管理课程的权威参考书，该书指出，管理即人类如何控制生态系统，包括最大限度地获取人类的回报，而开发则是一种生态系统产出率逐渐下降的过程。[2]

到1970年代中后期，人类生态学观点开始从"智慧利用"（wise use）转向"均衡地智慧利用"（equating wise use），以更好地处理工业发展中自然资源保护和经济的矛盾关系。1974年出版的《自然资源生态学》（*The Ecology of Natural Resources*）指出，如果物质财富被看做是人类行为的自然的和合适的目的，那么，人类对自然的控制就成了实现人类目的的必然手段；生态学的观点则与经济学的观点相反，更加强调增长的有限性而不是不断增长，稳定性而不是不断地发展；经济学和生态学分属不同的时间坐标，分期偿还的经济学观点将破坏生态系统的演化，正确的生态观应是，人类理解环境，并力图适应环境，而不是把生态学作为使环境适应人类工业发展需要的手段。这种认识掀起了一场思想革命，把人们的注意力引向了非工业化的社会：非工业社会教会了人类管理自然资源的基本原理，在西方文化进入之前，这些"原始"的族群早已成功地适应了在我们看来是极端的环境，例如，卡拉哈里沙漠中的布须曼人（Bushman）已认识到水分对其干旱的环境是极为重要的元素，并发展出有效的水分配办法。在这场思想革命的推动下，人口控制、能量流的管理、稳定的生态和政治秩序，这些多种多样的"发展节制"概念成为人类生态学关注的主题。

然而，虽然生态不稳定是共同的敌人，无论贫富，无论黑人还是白人，也无论是博士还是文盲，都面临着同样的生态威胁，但却没有统一

① A. H. Benton and W. E. Werner, *Principles of Field Biology and Ecology*, New York, McGraw-Hill Press, 1958.

② S. H. Spurr, "The Natural Resource Ecosystem", in G. M. Van Dxne (ed.) *The Ecosystem Concept in Natural Resource Management*, New York, Academic Press, 1969, pp. 3—7.

的、放之四海而皆准的万能公式来处理好人与自然的关系。①1980年，国际发展事务独立委员会，即布朗特委员会（Independent Commission on International Development Issues, Brandt Commission），出版了《南方和北方，一个生存计划》（*North-South: A Program. for Survival*），深入分析了人类发展的制约因素,呼吁全球应紧急寻求解决方案，包括生态恢复和生态保护。该报告得到了联合国和世界银行的支持。和1972年人类环境大会一样，该委员会的成员——第三世界或南方国家的代表特别引人注目，但不同的是，布朗特委员会不再鼓吹北方国家在国际保护行动中的科学势力的扩张，相反，人类生态学家们大力倡导利用本土知识系统，指出，北方增长的理念没有考虑到增长的质量，应反对一味拷贝发达国家模式的思想，避免混淆增长与发展的差异；发展没有统一的方式，而是存在多种多样的路径，与历史和文化遗产、宗教传统、人力资源和经济资源、气候和地理条件、国家的政治体制等密切相关，但有一点是共同的，即文化特性是价值系统的基本要素，文化特性赋予人以尊严。②于是，保护的文化维度、以人为本的思想，逐步出现在自然资源管理的方法中，虽然带有一定的理想和浪漫色彩，但却明显地把本土知识从边缘地带推进环境保护领域的中心，所谓的"民族科学"开始浮现。例如，有学者认为，民族植物学研究为自然文化和保护策略的相互链接提供了新的路径：每一种文化虽然以其传统得到识别,但其历史进程的转变都受到外部社会系统的影响，因此，当代自然保护的历史选择，是基于自然与文化的连接和生态技术的新范式，使发展的非传统战略与基本的生态结构和文化特征结合起来，以促进不同社会的生产进程成为多样的、可持续的，实现自然资源的再生产。这一观点区别于简单地回到传统或者是回到西方的自然资源管理模式，使文化多样性、社会和自然环境的辩证关系成为保护战略的核心。民族植物学借助人类学提供的社会神秘代表物、宗教信仰、无意识行为分析，揭示了自

① I. G. Simmons, *The Ecology of Natural Resources*, Condon, Edward Arnold Ltd., 1974.

② *North-South:The Report of the Independent Commission on International Development Issues*, 1980, P.23.

然资源破坏、保护和制度建构的历史，为理解文化组织的复杂性提供理论工具，并重构了文化和自然资源的关系。[①]民族植物学的主要研究内容是人们如何看待、理解和利用植物环境，如何识别、命名、分类植物界的基本要素和文化特征，如何处理植物利用与财产和经济价值的关系。此外，宗教信仰和实践作为保护方法，普遍受到民族植物学的关注，1970年代以后，民族植物学研究成果不断丰富，涉及巴西亚马逊流域、肯尼亚、印度、非洲和中国西南地区等。[②]

但是，尽管民族植物学提供了丰富的自然资源管理知识，“民族科学”的说法却受到广泛的质疑和批评。一本叫做《保护计划进程中的安第斯山土著》（*The Andean Native Peoples in the Conservation Planning Process*）的专著主张，秘鲁、智利、玻利维亚和厄瓜多尔的安第斯山脉传统社区所拥有的农业生态知识和实践创造了一种完美的类型，他们的居住方式保护了处于危害之中关于生态系统、植物和气候条件的本土文化和知识，因此，这些土著继续生活在保护区内，才能更好地实现保护。[③]有

---

① E. Leff,“Enthnobotanics and Anthropology as Tools or a Cultural Conservation Strategy”, in J. A. McNeely and Pitt (ed.) *Culture and Conservation: The Human Dimension in Environmental Planning*, London, Crown Helm, 1985.

② Pei, Sheng-ji,“Some Effects of the Dai People’s Cultural Beliefs and Practices apon the Plant Environment of Xishuanbanna, Yunnan Province, South-west China”, in K.L. Hutterer, A.T. Rambo and G. Love Lance (eds) *Cultural Values and Human Ecology in South-Eeast Asia*, Michigan Papers on South-east Asia 27, Ann Arbor, Michigan, University of Michigan, Centre for South-East Asian Studies,1985, pp.321—339.

R.E. Schultes,“Palms and Religion in Northwest Amazon”, *Principles*, 1974,18, pp.2—21 .

G.C. Barrow,“Trees, People and the Dry Lands: The Role of Local Knowledge”, Insititutional Invited Paper Presented to the Second Kenya National Seminar on Agroforestry, International Council for Research in Agroforestry, Nairobi, Kenya, 7-16 November, 1988.

R. Cuha,“Scientific Forestry and Social Change in Uttarackhand”, *Economic and Political Weekly*, 1985,20(45-47),pp.1939—1951.

H.J. Von Maydell, *Trees and Shrubs of the Sahel, Their Characteristics, and Uses*, Rossdorf, Germany, Schriftenreihe der GTZ 196, TZ Verlagsgesellschaft, 1986.

③ J. A. Mcneely and D. Pitt,(eds) *Culture and Conservation: the Human Division in Environmental Planning*, London, Croom Helm, 1984.

学者指出,这种浪漫的观点没有考虑到现代社会的运行遵循完全不同的资源利用原则以及完全不同的社会和经济规模。早期的生态运动即错误地认为基本的部落社会代表了生态系统的恒定财产，并能完整地进入到现代社会。①明显的事实是，几乎每一种文化都有自己的制约机制，宗教的或是社会律令的，例如，在一些植物、动物的利用方面，普遍存在禁忌和狩猎的限制，以防止对有限资源的掠夺性开发。事实上，所谓的“自然宗教”（natural religions）在很大程度上就是本土保护的一种形式，因此，本土保护与本土生活方式或多或少是同意义的。②根本的问题是：人类的因素是否已包含在生态系统的平衡和维持之中？换句话说，即浪漫主义者的观点——人类是生态系统的一部分，人类的需求可以在不消耗生态系统的前提下得到满足，是否成立？这是一个科学问题，而“民族科学”所能提供的答案走不出逻辑上的循环，始终不过是传统文化在自说自话而已。

但无论“民族科学”是否成立，自然资源的管理经历了从纯粹的生态观到经济观，再到人类和文化要素不断增加的过程，保护的文化维度已嵌入到有效的政策和策略之中，构成本土知识研究和应用于发展的核心问题。③《第三世界的可持续资源发展》（*Sustainable Resource Development in the Third World*）一书即指出，资源管理的社会因素，包括发展模式、技术因素都需要给予均衡的关注，忽视自然与知识、社会和制度背景的关联，往往是政策和计划的失败的主要原因。④

在过去的几十年里，科学家、计划专家开展了越来越多的第三世界社会—经济发展项目，在人类健康、农业、森林、渔业和自然资源管理方

① L. Bennett, (1983). *Dangerous Wives and Sacred Sisters: Social and Symbolic Roles of High-Caste Women in Nepal*, New York, Columbia University.

② Pearson, G.“Respect for Nature Among Forest People”, *BOS*(Bosbouw Ontwikkelings Samenwerking), 1989,18(1), pp.11—27.

③ D. A. Posey, “Indigenous Knowledge and Development: An Ideological Bridge to the Future”, Ciênçae Cultura, 1983,35(7), pp.877—894.

④ S.K. Roy, “ Sustainable Resource Development in the Third World: The Human Equation”, in D.D. Southgate and J.F. Disinger (eds), *Sustainable Resource Development in the Third World*, Boulder, Co., Westview Press. 1987, pp.159—168.

面，意识到西方技术转化到非西方国家常常导致过度开发、资源耗竭、物种灭绝和发展崩溃。为寻求更加可持续的发展模式，人们把目光投向农民、传统医师和妇女，关注本土环境和自然资源管理的内容，把本土知识和技能带入了全球性的讨论之中，与本土人各种知识系统和实践相关的文化多样性问题引起广泛的研究兴趣，产生了全新的、跨学科的本土知识理论和实践。①

1980年代，对本土知识和实践的又一个重大突破发生在农业和环境联动的国际发展领域。人口压力、贫困和不适合的技术与环境问题相伴，加剧了农业生产危机；大量的外部投入，如高成本的化肥、除草剂、杀虫剂和杀真菌剂不仅未能维持足够的生产水平，并且造成了严重的污染，对南方国家的经济和生态都造成了影响。人类学家、发展社会学家、农学家、植物学家和土壤科学家开始联手，搜集、分析本土农业知识，农业与本土知识、文化的联系得到深入研究，极大地丰富了理论界的认识：本土知识有时也指常识（commonsense knowledge），从人类学和文化相对主义观点看，科学的实践，应包括这种常识，甚至信仰和魔术等构成全人类的基本特征的东西；西方的和本土的科学都来自相同的一般的智慧生成程序：从无序中寻找出秩序，因此，应把“indigenous”与殖民时代荷兰语中的“inheems”、“inlands”和英语中的“primitive”、“native”、“aboriginal”区别开来，以强调本土知识的“rurality”、“backwardness”与族群发展的关联性，即本土知识独特性与文化和社区的关联性；价值、态度、生活方式与文化多样性和独特性，才是全球化、西方化背景中讨论本土知识的关键词；本土知识涉及不同的地区、国家、文化区，需要在理论上加以厘清，这是促进本土知识系统应用于发展的前提。

进入1990年代，为表达自己的文化遗产和传统而在本土术语下重新评价地方文化，得到了联合国的鼓励和支持，再文化化（reculturation）和本

① Warren,D.M.,L.Jan,Slikkerveen,D.Brokensha,*The Cultural Dimension of Development*, Intermediate Technology Publications Ltd.,103-105Southampton Row,London WC1B 4HH, UK, 1995,pp.488—498.

土化进程（indigenization）得到推进，本土知识得到了官方的普遍承认。[①] 事实上，在很多南方国家，自然资源的利用，不仅是生存、健康和幸福的必要条件，而且，数世纪以来， 在人们的生活方式中，包含着通过价值和信息系统保护和保证可持续利用自然资源的机制。在黑非洲的很多地区，社区有能力不断地维持生物资源种群的持续增长，因为只有这样，才更有利于提供环境中稀缺的蛋白质，如杀害能生育的雌性动物是严重的犯罪行为，狩猎仅限于雄性和年老的动物，禁猎处在繁殖期的动物等。赞比亚卢阿普拉省（Luapual）的一些地区，有禁捕小鱼的传统，社区通过传统的仪式开启捕鱼的季节，这些仪式正是对合理的捕鱼期的固定。在这样的社会里，资源的公平分配是可能的，包括代际和代内层次，因为，其一，社区自身尊重资源开发的时间维度；其二，资源属于社区，因此，开发收益应是共享的，自然需注意到下一代的利益；其三，传统的资源管理体制，使分配成为可接受的实践。

南方国家的本土环境实践表明，本土管理系统的持续存在倚重于相关知识的传递，而知识的连续性和传递，以及在实践应用中的有效过滤，即凝结着社会的、经济的利益取向，形成生存和文化动力的关键因素。在缺乏经济利益和传统实践的激励性联系的情况下，发展和开发将导致知识和可持续实践的丢失。在赞比亚的北部、西北部和中部省区，森林法案把大量土地作为林地贮存起来，对地方社区关闭，限制了持续若干世纪的传统生计农业的关键技术——刀耕火种方式（chitemene）的作用，因为，对土地利用的公共限制，导致休耕循环周期缩短了，刀耕火种系统的有效性随之消失。从前，作物栽培的多样性减少了灾害危机的影响，同时也丰富了饮食结构的内涵，间种和土地轮作防止了土地退化并增加了产量，而现代盛行的商业化农业，借助公共政策的支撑，造成了传统文化系统的坍塌，引致土地侵蚀和本土知识丧失。由此可见，本土环境知识中蕴藏着丰富、深刻的环境控制机理，并不只是一些单纯的静态环境常识。

---

① 1993年被定为联合国官方的本土人年(Year of the Indigenous Peoples)。

一些本土知识专家认为，很多非洲国家环境管理机制不健全，一方面需在科学的指导下完善，另一方面同样需要充分利用本土知识。酋长制和乡村议会是非洲社会基层管理的中心，其基础是以家族为核心的管理系统。布基纳法索即通过这种社会组织核心管理土地利用，具有牢固性、负责任性、可理解性、联合性。现代土地管理方法的实质是土地的货币化、私人化，于是土地向富人之手集中，必然导致经常性的过度放牧纠纷问题。传统放牧区建立在轮牧和族群放牧边界的基础上，通过本土管理结构（宗族和长老）加强了与本土决策机制的关联，包含着丰富、有效的纠纷解决办法。政府要制定控制政策和诉讼的全套法律系统以处罚偷运等行为对生物多样性的破坏，而传统方法是通过禁忌实现保护的。孩子从小就知道什么可做，什么不可以做，这些方法是很重要的。此外，在环境认知方面，非洲大多数人既不读也不写，环境保护机构必须根据本土文化寻找适于非洲实际情况的信息传播方法，显然，离不开本土知识，如不同的地区使用不同的单位表达他们的土地、产量、牧群规模，本土计算方法就有利于土壤调查和农业、环境数据的收集和宣传。

联合国生物多样性保护公约指出，缔约各国的遗传和生物资源主权应得到承认。但是，由于阻止生物多样性资源被偷窃的法律缺失，多数南方国家不幸地一直敞开着生物资源被掠夺式开采的大门。为此，世贸组织要求其成员国遵从与贸易相关的知识产权协定（TRIPS）。但是TRIPS、专利法主要是保护发达国家的利益，对本土社区反击生物海盗帮助甚微。根据联合国生物多样性保护公约的精神，非法获取遗传资源而获得的专利，应宣布为非法，但西方专利局并不考虑专利资源的来源。早在1990年，南方国家即在墨西哥城成立了生物多样性联盟，反对生物资源偷窃，保护其国土上发现的遗传资源的权利。当然，除了反击商业利益所驱动的对环境、资源的破坏，南方国家面临的环境管理、资源管理问题是多方面的，不仅需要发现、保护相关本土知识，还需要把本土知识嵌入环境、资源的立法和管理之中。然而，本土知识在环境、自然资源管理上的应用，面临着严峻的挑战。[1]第一，本土知识的一些元素被长者和传统制度所保存，如前所述，常常与精神性相联结，并长期成功地发生作用，但是，一方面，来自外部和内部的因素日益导致本土知识和实践的削弱，使传统管理系统受到新的挑战，土地和资源利用的可能性、有效性萎缩；人口的不断增长以及与其他使用者的竞争，常常导致自然环境对社区生计支持的作用下降，并引发社区间的冲突和传统制度的崩溃。[2]另一方面，青年和授权的妇女群体，受外界的支持，通过有组织的方法带进新的知识和实践，力图把本土知识和传统规则转移入法律制度，以使政府和更广泛的社会接受，但这种过程常常包括漫长的、复杂的谈判，结果往往造成对本土制度的冲击。[3]第二，本土知识的保存是社区生活以及生计战略的重要元素，应放在当代社会、经济和文化变化的背景中，接受新的条件的考验。但问题在于，如何使本土知识和科学的结合在社区层次上平等地相互支持、相互作用，为本土知识提供更新的更强有力的基础，以使其价值和贡献得到社会的更广泛的认知？如何使传统的规则、神话、仪式系统与必要的管理机制相交融，以构建新的共享的意义和新的自然资源管理文化？[4]第三，数世纪以前，基于神圣性和精神性，社区创造了被保护的或自然的区域，这些区域在严格的规则下有效避开了打搅。在现代，这些被保留下来的区域都以一种非宗教的、世俗的模式（如美国的黄石公园）存在着，与传统社区的土地和资源重叠，而制度常常否认传统社区的占有权和使用权，甚至有时把本土人当作入侵者加以驱逐。所幸的是，今天的世界毕竟已认识到，改变保护地政策和实践，以考虑地方社区的需要和权力，是十分必要的，其中就包括重新对本土知识进行评价并将本土知识整合进入保护地的

---

① P. Easton, F. Davea , “Ahmed , Z. Managing Natural Resources Along the Mozambican Shoreline: The Role of Myths and Rites”, *IK Notes* 46, July 2002. 莫桑比克有丰富的自然资源，但城市化、农作物价格下降、经济衰退、严峻的气候变化影响了自然资源的可持续性，地方制度、非正规调节、神话和仪式习惯、群体管理系统在自然资源管理中十分重要。

② *IK Notes* 23, *IK Notes* 45, *IK Notes* 46, *IK Notes* 48.

③ *IK Notes* 4, *IK Notes* 8, *IK Notes* 46.

④ *IK Notes* 46.

管理。①

《21世纪议程》指出，促进可持续发展，需要重新考察和应用本土知识和技术，使传统知识和现代知识获得最佳的结合，在发展中实现人与自然和谐共处。相关研究表明，发展不如意的原因很复杂，但是，忽视本土文化，特别是本土环境知识，是主要的原因之一。例如，在草根层次的社区内，控制可用资源失败，导致政府管理昂贵；发展多集中于城市，穷人特别是农村人被边缘化，把本土人从计划和决策中排除出去的同时，也排除了发展的立体性、敏感性，导致人与自然环境不友善；忽视环境制约因素，导致发展计划不切实际，不可实现；因政策、战略、计划没有充分考虑本土环境，导致严重的发展负效应，等等。②《21世纪议程》指出，环境保护需要乡村、城市都参加，现代、传统方法都利用；传统与现代的有效结合，是尤为重要的，也是一个系统工程；发展应遵循以人为本、环境友好、可持续利用自然资源的原则。③传统的生产、管理、分配技术可能是简单的，但却经历数世纪尝试和验证，比之现代技术，相对廉价，对环境破坏小，与社区规范协调，更具本土适合性，因而更有效。非洲的长者就具有有效控制土壤侵蚀和植被恢复的知识。但是，西方的知识霸权长期遮蔽了本土环境知识的价值。本土知识与环境、自然资源是唇齿相依的关系，一损俱损，一荣俱荣。然而，现实是，本土知识常常被辱为无知和迷信，却给生物技术工业带来了很多幸运的机会，如制药工业、食品工业等，源源不断地依靠地方社区中的传统知识生产出新商品进入全球市场，提供知识的传统医师和地方社区却很少从这些工业部门得到足够的补偿，这样，本土知识促进了工业的发展，而提供本土知识的社区却变得更加贫困。人们不禁要发问：谁应当最初从中受益？谁应当为商业开发造成的环

---

① 2003年10月，在南非的德班，第五届世界保护区会议（World Protected Areas Congress）召开，专家们交流了保护区在生物多样性保护中发挥作用的途径和经验。

② J.O. kakonge,“Traditional African Values and Their Use in Implementing *Agtenda 21. WB IK Monitor* 3(2), 2006-02-20.

③ 许先春：《走向未来之路——可持续发展的理论与实践》，中国广播电视出版社2002年版，第82页。

境后果负责？政府的作用是什么？显然，开发本土知识必将造福于全世界，但公平和公正是基础。然而，当今大规模的文化变革，不断增长的侵犯性的力量，使本土知识面临巨大的危机。本土知识与环境，究竟谁来保护谁呢？

可持续发展，是满足当今需要而不危及下一代的发展，核心是代际平等观念，实质是如何保障发展能力可以延续到未来。这就意味着，经济和社会发展之路，不应只是为当代人最大限度地谋求利益，否则，将牺牲未来一代满足其需求的能力。可持续发展观认为，人类是一个社会、经济、环境、伦理等各方面价值观、实际事物和行为的复杂组合，社会的内聚力、知识技能，财富创造的水平、方式，福利改善和经济发展的环境条件，发展成果的分配方式等，构成了可持续发展的资本，并以某种规则形成天然的、人工的、社会的股本。因此，可持续发展的条件，相当于每一代人以股本和技术的形式留给他们的下一代人的生产能力，即可持续发展需要以自然的、人工的、社会的股本不减少为前提。换句话说，可持续发展的能力取决于人造资本、自然资本、社会资本和人力资本等资本存量，只有在这些资本不会减少或理想地增加的情况下，才能确保可持续性。

人造或可再生的资本，通常只能从自然资本中被创造，因而被称为所得资本，例如资金、道路建设、机械设备等。人造资本可分为本土的和进口的。本土的人造资本包括在本土制造的东西以及再造这些东西的专家和知识。进口的人造资本主要是技术，比如各种各样的工业化机械设备、交通工具、电脑等等。人造资本的贬值通常表现为损耗、低效或废弃，虽然不是可持续性的主要问题，但却是技术能力发展的制约因素，如财政能力。自然资本指所有的可再生自然资源和不可再生自然资源，以及一系列可从自然中起源和推导出的生态功能，包括所有提供人类所依赖的生命支持系统，如矿产，森林，地下水、地表水的储量，空气的质量，大气的消化吸收能力，臭氧层及其控制紫外线的能力，各种各样的控制水文和养分流动的生物、化学循环。自然资本不可能完全被任何一国所特有。可持续性要求自然资本不应该被减少或贬值，如自然资源的消耗和环境的退化。自然资源的消耗与自然资本比如黄金、石油、木材、煤炭等的提取和消费有关，环境的退化是与商品和服务的生产有关的环境质量的损失，以空气污染、水污染和土地退化等形式表现出来。与人造资本的贬值不同，自然资本的贬值在许多情况下是不可逆转的。因此，自然资本是其他形式的资本如人造资本所不可代替的。社会资本指人际网络及其控制系统的影响，包括个人之间、组织之间以及个人和组织之间的关系。社会资本是把社会联系在一起的“黏合剂”，没有它，社会组织之间的争斗剧烈，公众很少能参与决策和制定程序，商业经纪人之间缺乏更大的信任等等，社会自身就是不可持续的。这种形式的资本不容易测量，也难以与其他财富形式进行量化比较，尽管如此，社会资本的破坏可以很容易地被判定，如战争破坏了社会结构和氛围，明显地构成了发展的绊脚石。人力资本指消费、经验、知识和技能等。在后工业社会，发展已从资源开发型转向技术推动型，同时，跨国公司助长了全球化的新力量和随之而来的自由化，使商品、服务、资金乘着技术和知识的翅膀从国境线上穿过。因此，在发达世界，相对的和有竞争力的优势基础是技术和知识而不是自然资源。一般认为，人力资本不会贬值，因为知识和技能总是在累积中增长、传递。但是，本土知识和技能的丢失，危害健康的因素和公共卫生条件，也会导致人力资本的贬值，因为本土知识包含着生存的技能和相互依靠的文化，是连接社会资本的基础和“黏合剂”，一个人也不可能靠很差的健康状况来最大化地体现其知识和技能。这些形态的资本构成了可持续发展的条件，但不幸的是，全球化正在对其构成威胁。①

可持续发展与本土知识有着密切的关联性。可持续发展为本土知识提供存在的条件和发挥潜能的舞台，本土知识为可持续发展提供参考经验和实现手段，二者共用同样的条件，相互联动，相互影响。生物多样性、文化多样性和本土授权，既是可持续发展的基本条件，也是本土知识存在的根基、土壤和保障。全球化对可持续条件的破坏，使本土知识资源面临严峻的挑战。

① Jekwu Ikeme, “Sustainable Development, Globalisation and Africa:Plugging the Holes”, *Africa Economic Analysis*, 2000.

首先，以资源换发展的经济模式动摇着本土知识资源存在的根基。

据国际货币基金组织的统计，1975—1984年间，非洲的国内总收入、国内总投资分别占国内生产总值的24.5%、25.4%，而在1990—1997年间，这两项比例分别下降为16.2%、19.3%，表明非洲的内源生产能力在世界经济中处于不利地位，以自然资源低价出卖来维持非洲经济的增值方式前景堪忧。事实上，在经济全球化的背景下，非洲从自然资源依赖型经济中流出的资源比率和总量在增长，而从单位自然资源产出总量中获得的收入却在减少。例如，1997年，原油价格从平均每桶22.1美元下降到每桶20.0美元，下降了10%，但为了补偿外汇收入的差额，非洲大多数非石油输出国组织生产国的出口却增加了2.7%。在黑非洲，矿产开发长期处于储备持续减少、利润不断变薄的境况之中。过去认为自然资本是如此丰富，以至于它们没有边际价值。现在，剩余的自然资本变成稀缺资源，成为关键的限制因素。例如，木材不仅受锯木厂生产规模和生产能力的限制，而且受剩余森林的限制；原油不仅受人工抽出能力的限制，而且受地下石油存量的限制。①

面对全球化对资源的提取步伐和数量规模的不断加大，南方国家一方面要努力使自然资本的利润最大化，另一方面，还得努力提高对自然资本维护的长期投资。但问题是，对于可再生自然资本，人们能够生产一些人造资本和自然资本之间的交叉资本来弥补或替代，而对于不可再生资源，人们什么也做不了。自然资本的减少，将动摇本土知识资源存在的根基。

其次，文化多样性减少的趋势将使本土知识资源的土壤萎缩。

当今世界，绝大多数问题都源自于试图将一种文化凌驾于其他文化之上，制造单一文化的优越性和普世性，以服务于经济的扩张。全球化就是把强势经济和强势文化捆绑在一起，互为表里，严重威胁着文化多样性的存在，本土知识赖以存在的土壤将随之萎缩，继而影响着人力资本的发展。经济的长期、稳定发展，依赖于人力资本的建设。基础教育和卫生事业的改进，并非只是福利需求的消费项目，而且也是生产性和技术性的投

① IMF, *World Economic Outlook*, 1997.

资。关键是要通过更好的技术和成本效益转移，促进私人部门和社区参与到服务提供上，以实现最具成本—效益性的人力生产和再生产。其中，本土知识和技能在人力资源建设和开发上具有突出的价值。例如，在经济全球化背景下，几乎全部非洲国家都存在高失业率，对劳动力和收入征税是一种奢求，而且将引导公司在可行的情况下辞掉劳动力以换取更多的资本和资源吞吐量，从而又加剧失业，影响社会健康发展。在这种情况下，利用本土知识，开发本土项目，增加社区就业容量，成为现实的途径。但全球性的经济力量掩盖了文化多样性的意义，遮蔽了本土知识的价值，制约着本土人力资源的开发。

第三，全球经济的整合限制了本土权力的自我掌控，威胁着对本土知识资源的保护和利用。

经济全球化通过自由贸易、自由资本流动和自由移民弱化了国家以及次国家社会团体的权力，消除了国家经济的界限，同时增强了跨国公司的相对权力，这对国家及主要团体单位实施公共商品政策的能力造成了致命的伤害。对全球市场开放的要求，是以国际经济整合将促进经济的表现为理论前提的。自由贸易的相对优势论点经常被引用作为全球经济整合的有效性的证据：随着国家减少它们的贸易关税和非关税壁垒以及对国际资金流的开放，增长将增加，由此将减少贫困，并改善南方国家的大多数公民的生活质量。事实上，古典自由贸易理论的代表李嘉图，是将其自由贸易的相对优势论建立在资本在国家间不可流动性的清楚而详尽的假设之上的，即资本和劳动力一样应待在国内，只有商品才可以交易。在这一模式中，资本只有在国家界限以内才有绝对优势。例如，如果加纳比尼日尔生产可可和棉花更便宜，那么，资本将乐意跟随绝对优势而离开尼日尔转移到加纳，但假设资本不能转移，尼日尔最好的做法是将棉花的生产专门化，并用它来同加纳的可可进行交易，这是因为，相对于加纳，尼日尔生产棉花的不利条件比生产可可的不利条件要少。李嘉图所展示的是每一个国家不去管绝对优势，而是追求将它拥有相对优势的产品专业化，以此去交易其他商品。尼日尔拥有在棉花生产上的相对优势，加纳拥有生产可可的相对优势，二者都将变得更加富裕，即把国家间的自由贸易和每一个国家内的竞争结合起来，将导致相互赢利的结果。基于资本在国际层面上不动这一假设来讨论自由贸易，是有问题的。当今时代，资本在国际上比商品更加具有流动性，因此以相对优势为基础的全球化的论点，其前提是错误的，保护性政策依然危及欠发达国家的经济发展。

全球经济的核心思想是占主导地位或统治地位的集团、阶级或国家的思想，全球化实际上是被今天的主导社会力量所创造的，是用来为其特殊利益服务的。许多例子证明，世界经济强国都只对它们的自己的利益感兴趣，并随时准备着将动用它们的政治和经济力量以确保在任何情况下坚守其利益。人口仅占世界人口50%的美国，却消费了世界15%的资源，还制造了世界污染的大部分，但是，美国却迟迟不签署《京都议定书》。南非政府曾通过了一项法案，规定为获得更加便宜的药品以造福本国人民，南非可通过订购未注册产品的方式进口昂贵的药品，这意味着普通的南非人将以更少的花费得到他们所需要的药品，这是世界贸易组织所准许的，但是美国却不同意，原因是削减了其国际的和全球化的药品公司的利润。全球化不仅只是以商品和服务为基础的经济行为在全球范围内的展开，还包括思想观念、信息和技术日益综合的趋势，不仅意味着贸易自由化、资本自由流动，而且意味着私有化、商业化以及跨国公司的授权化。这种趋势使所有的经济活动越来越被国际框架如世界贸易组织、国际货币基金组织、世界银行、经济合作与发展组织以及八国集团峰会这样的体系所定义，并且很大程度上受区域贸易集团如亚太经合组织、欧盟、北美自由贸易区所影响。全球化既是信息技术革命的原因，也是其结果。它被远距离通信的显著进步，低成本计算能力的指数增长，以及信息网络的发展所推动。随着今天席卷全球的全球化浪潮不断高涨，每天的外汇交易不断增长，国际资金流动是实际货币流动量的数十倍，为匿名机构投资者远距离影响、操控通货汇率、国际资本价格及经济利率提供了牟取暴利的机会，金融危机的可能性随之增加。

由此可以看出，全球化的玩家在世界事务中包揽了主裁和边裁的职能，限制了南方国家对本土权力的自我掌控，不得不在经济主权上步步退让，向西方企业和跨国公司的利益低头，可持续发展的条件必然受到严重威胁，本土知识资源的保护和利用也就失去了保障。

上述反思，不仅在南方国家具有代表性，而且为全球环境理性的建构提供了有价值的参考，并吸引了一些重要的国际机构关注环境本土知识。近十多年来，世界银行、世界保护联盟（The World Conservation Union, IUCN）等机构在公平和尊重文化多样性的框架下，致力于区域本土生态知识的研究，并整合与本土人和地方社区相关的知识主题进入其全球性项目，特别是应用于生物多样性保护，推进本土知识的可持续利用。世界保护联盟认为，人们仍有机会挽救本土环境知识这个人类最大的智慧产物，地球现在和未来的很多问题的解决方法可能就蕴藏在其中。事实上，破坏环境的主要力量，是以利益、消费驱动为核心的政治、经济、社会运行机制，与之反向的全球环境理性建构，绝非哪一门学科甚至“科学”整体所能解决的，需要动员和整合人类全部的知识，包括本土知识。

六、本土知识与科学知识①

本土知识与科学知识有差异，也有着广泛的联系。从知识史的角度看，本土知识是孕育科学知识的土壤，二者在知识建构方向上具有互补性，在发展领域中的应用具有互通性。本土知识与科学知识的差异和联系，为二者之间的互借提供了宽广的基础和丰富的可能性，有助于推动社区发展，促进知识的生产和创新，联合应对全球性问题等。

① 张永宏：《本土知识与科学知识：差异、联系和互借》，载于《思想战线》，2010年第6期。

本土知识、科学知识是两种不同的知识形态，存在差异，但从知识史的角度看，本土知识与科学知识的联系由来已久，本土知识是孕育科学知识的土壤，二者在知识建构方向上具有互补性，在发展领域中的应用具有互通性。本土知识与科学知识的差异和联系，为二者之间的互借提供了宽广的基础和丰富的可能性。本土知识与科学知识的互借，有助于推动社区发展，促进知识的生产和创新，联合应对全球性问题等，是建构国家知识创新体系的一个重要方面。

（一）本土知识与科学知识的差异

自17世纪的认识论革命以来，西方世界逐渐形成了知识合法性的基本原则，即实证主义原则。实证主义原则包括理性、客观性、可实验性、可重复性、可检验性等要素，其内涵有三层意思,其一，探索的对象和方法，都是可以被认知的；其二，知识必须包括解释，即应当知道原因；其三，现象和知识的链接是可以反复得到检验的，并由此决定着解释的可接受性及其品质。科学知识就是在实证主义原则的框架之下发展起来的知识系统。近代以来，随着科学知识获得统治地位，实证主义原则随之成为一切知识得以确立的正统前提。传统医师可以从其独特的文化背景出发，把顽固性的头痛解释为是对某神的不敬，而基于实证主义原则的科学的解释，则必须排除文化符号的特殊性，努力揭示现象背后的普遍性规律。科学知识的这种认知观，动摇了基于特殊文化语境中的直觉认识、经验和不可控观察所形成的知识的合法性。在科学看来，构成本土知识的独特的文化实践原则，诸如各种起源的故事、民间传说、格言、谚语等，所包含的原因即使是合理的，大多却是不可重复检验和准确测试的，因而是不可靠的，不具备“知识”的资格。这种看待本土知识的态度，在西方中心论主导的年代一直占据主导地位，导致本土知识长期被斥为无用的、低级的、陈旧的故事，被粗暴地排斥在科学知识的视野之外。

冷静考察二者的差异，最早出现在人类学领域。马林诺夫斯基（Malinowski）、博厄斯（Boas）、列维–布吕尔（Levi–Bruhl）、莫斯（Mauss）、埃文思–普里查德（Evans–Pritchard）、霍顿（Horton）和列维–斯特劳斯（Levi–Strauss）曾对原始文化、现代文化以及知识体系展开过纷繁的讨论，其中，列维–斯特劳斯即看出，本土知识和西方知识之间存在一条分界线。他认为，本土文化更大程度地嵌入在其环境之中，很少分析原因，其思想体系更加封闭。①但列维–斯特劳斯及其后来的学者，都没有令人信服地把本土知识和西方知识截然分开。

二战后，随着前殖民地的独立，发展逐渐成为时代主题，本土知识在发展中的作用也不断显现，有系统地收集本土知识并对其进行文档化保存，变成了一项重要的任务。本土知识的收集和文档化保存包括若干步骤：识别和鉴定（recognition and identification）、证实（validate）、记录（recording, documenting）、储存（storage）、转移（transfer）、传播（dissemination）、交换（exchange）等，②而首要的第一步是“识别和鉴定”，它涉及本土知识的定义和分类问题。较通行的本土知识定义，是基于与科学知识的比较而得出的，这就意味着必须把本土知识和科学知识分开，才能对本土知识加以“识别和鉴定”。然而，由于本土知识分布广、形态多样，要确立其与科学知识的具体差异，几乎是不可能的。

学术界主要从三个方面展开对二者差异的探索：本质的、方法论的和背景的差异，力图通过本质差异反映二者的主题和特点，通过方法和认识论差异反映二者探究现实的不同方式，通过背景差异反映本土知识深深植根在其环境之中的文化属性。③但长期以来，基本停留在表层的争论上，并未取得实质性的进展。有学者指出，人类学历史研究的缺失导致文化体系出现去时间性，继而遮蔽了本土知识与科学知识在时间维中的关系，在这种背景下，不能用科学驱逐传统知识，区别二者是可能的，也是必要的。④但也有学者认为，科学哲学家包括莱布尼茨（Leibniz）、玻

---

① 列维–斯特劳斯著，李幼蒸译：《野性的思维》，商务印书馆1987年版。

② D..M. Warren,G.W. Von Liebenstein and L. Slikkerveer, “Networking for indigenous Knowledge”, *Indigenous Knowledge and Development Monitor*, 1993,1(1),pp.2—4.

③ R. Chambers, *Understanding Professionals: Small farmers and Scientists*, New York: International Agricultural Development Service, 1980.

④ P. Tibbetts,“Feyerabend’s‘Against method’: The Case for Methodological Pluralism”, *Philosophy of the Social Sciences*, 1977,7(2),pp.265—275.

普（Popper）、卡耐普（Carnap）、格牢鲍姆（Grunbaum）和拉卡托斯（Lakatos）等探索科学与非科学的划界标准是失败的，区分本土知识与科学知识最终不会取得什么结果。①最具代表性的争议发生在如何对本土知识进行保护这一问题域。大多数理论家认为，保护本土知识的主要策略是异地保存（ex situ conservation），如分离、文档化，并存储在国际、地区或国家档案系统之中，这一策略是最方便的。但是，一些学者认为，异地保护损坏了本土知识的品质，并无意中破坏了科学知识与本土知识之间差异的维持。②首先，本土知识具有零散分布性和地方性，并依赖于深嵌在人们的生活之中而获得活力；本土知识具有动态性和变化性，与人们多样化的需求背景相依相存。因此，提炼、分离、存档、转移本土知识，势必将割裂本土知识与日常生活生动而有机的联系。如果谴责西方科学对地方需求无敏感应答，那么集中存储管理本土知识同样面临类似的批评。③其次，异地保存本土知识有赖于采用科学的方法和设备，就无法避免科学标准的选择，如果科学知识成为保护本土知识的选择者、仲裁者，那么区分二者的差别就失去意义。④第三，保护本土知识的一个重要目的是关注贫困社区、边缘化社区的知识资产，而不是框定一些术语使两种知识的讨论复杂化。本土知识正在消失，主要原因是现代化和文化同质化的挤压，现代国家和国际贸易体系威胁着游牧人群、小农业生产者的生活方式、实践和文化。从这种角度上看，异地保护成功地发掘出有用的知识信息，最便捷的受益者，只会是富人、更有权力的机构，却掩盖、破坏了保护本土知识的使命：造福穷人、被压迫者和弱势群体。因此，异地保护本土知识建造的只会是知识的坟墓，原地保护（in situ Preservation）才是保护本土知

① T. Kulka,"How far does anything go? Comments on Feyerabend's Epistemological Anarchism", *Philosophy of the Social Sciences*, 1977,7,pp.277-287.

② D.M. Warren, G.W. Von Liebenstein and L. Slikkerveer , "Networking for indigenous Knowledge", *Indigenous Knowledge and Development Monitor*,1993,1(1),pp.2—4.

③ M. Altieri,"Rethinking Crop Genetic Resource Conservation: A View from the South", *Conservation Biology*, 1989,3(1),pp. 77—79.

④ S. Rajan, and M. Sethuraman,"Indigenous Folk Practices Among Indigenous Rules", *Indigenous Knowledge Development Monitor*, 1993, 1(3),pp. 19—20.

识的良策。但是，原地保护成功的先决条件是本土人群和地方社区取得他们居住的土地和赖以生存的资源的控制权，要拥有知识，就必须拥有决定如何保护知识，怎样利用知识和由谁来利用知识的权力。由于对这些问题难以取得一致的认识，从保护的角度出发，一些学者索性认为，区分本土知识和科学知识是毫无意义的，不同的逻辑、不同的认识论产生不同的知识，不同的知识有着不同的分类方式，主要取决于其利益的指向、目的、生产的行为；知识从来就是为特定的人所利用的，不同的保护策略和分发知识的方式将造福不同的人群；本土知识、科学知识这样的标签在发展的实践层面上是模糊的，当务之急是从对二者枯燥无味的划界中走出来，展开有效的对话，才能捍卫本土知识持有者的利益。①

无论孰是孰非，在实践层面上，虽然区分二者确实存在困难，但探索二者的一些显著差异仍然是可能的、必要的，下表所列即是现有的成果之一。②

	本土知识	西方科学知识
关系	从属地位（subordinate）	主导地位（dominant）
思维模式	直觉（intuitive）	分析（analytical）
传播方式	口传（oral） （通过行为和讲故事传授）	文字（literate） （通过教育）
特征	整体论的（holistic） 主观的（subjective） 经验的（experimental）	归纳的（reductionistic） 客观的（objective） 实证的（positivist）
数据创建	慢的／广泛的（slow / inclusive）	快的／选择的（fast /selective）
预测	短时循环（short time cycles）	短期线性（short-term linear）
解释	精神性的（spiritual）	科学的假说，理论和规律（scientific hypotheses, theory and laws）
生物学上的分类	生态学的（ecological）	遗传的和等级的（genetic and hierarchical）

① Arun Agrawal, "Indigenous and Scientific Knowledge: Some Critical Comments", http://www.nuffic.nl/ciran/ikdm/3-3/articles/agrawal.htm/. 2007-4-10.

② Ole Henrik Magga,"Indigenous Knowledge Systems--The True Roots of Humanism", IFLA: World Library and Information, http://www.ifla.org/IV/ifla71/programme.htm. congress Oslo,14-18 August 2005, 2007-03-18.

应当注意的是，由于本土知识包罗万象、千差万别，一方面，本土知识与科学知识的差异并不止于上表所列的项目，例如，在知识的生产方式、演进方向、效用边界等方面，都存在典型的差异；另一方面，二者的差异又不是绝对的，例如，中医是我国典型的本土知识，但其有文本记录的历史，可以以千年计。

（二）本土知识与科学知识的联系

从知识体系互动相参的角度看，认识本土知识与科学知识的差异，目的是要更好地发见、理解二者之间的联系。

事实上，二者的联系由来已久，是历史地、现实地存在着的。

首先，本土知识是孕育科学知识的土壤。

在科学发展史上，本土知识是科学知识发生、发展的土壤，证据俯拾即是。近代科学的形成过程，其实是一个对人类知识进行整合的过程，也是一个科学知识从本土知识之中分化出来的过程。近代科学知识的来源带有模糊性和综合性，其中，亚洲民间知识对西方科学发展的影响是十分重要的因素。众所周知，早在中世纪后期，东方的实践和思想以及由伊斯兰世界所保存的古希腊文献，即开始向欧洲汇集，与欧洲本土文化综合在一起，构成了近代科学诞生的土壤。近代欧洲向全球扩张开始后，西方整合全球知识的进程大大加快，很多科学知识就直接发源于亚洲的民间知识。在西方扩张的早期，欧洲旅行者为了殖民的目的观察本土实践、收集本土资料，欧洲的植物园、百科工具书都搜罗了很多东方的物种、知识和经验。即便是科学实践已经独立，其方法论自觉仍然与民间经验相联系。例如，达尔文就是在信鸽谜的知识的基础上发现了自然选择的细节，现代后林奈（post-linnaean）生物学的种子发生分类学也是基于民间传统的模板。[①]西方学术界同样认为，西方知识包括科学知识和西方的常识（common sense），前者一定程度上具有文化超越性，但后者即具有文化

① J. Secord, “Nature’s Fancy: Charles Darwin and the Breeding of Pigeons”, *Isis*, 1981, 72,pp.163—186.

独特性；西方的常识系统构建了一个独特的文化领域，只有对这一领域进行细分研究，才能判断哪些常识通过认知和符号建构造就了科学，最后形成以整理、实验为核心的、基于经验的理论解释系统。[①]他们所看到的所谓西方的常识，其实就是西方的本土知识，其中当然包含着东方的民间知识。有学者即指出，人类知识史的第一个重要的事实是知识被确立，其次才是知识为什么被确立。早在现代科学出现之前，人类即发展了多种多样的生存之道以及意义、目的和价值，形成大量与西方现代知识不同的本土知识。本土知识源于日常经验并经过长期检验，远较科学知识要古老，历史地看，本土知识是一切知识之根，人类深厚的知识大厦是由本土知识系统在漫长的时间中造就的。[②]事实上，迄今为止，大量科学知识是在多种多样异质性的生产、生活实践以及田野研究基础上产生的，而田野研究又主要依靠行业专家、本土专家的积累和探索，这是科学实践与民间知识相联系的重要事实。

其次，本土知识与科学知识在知识建构方向上具有互补性。

本土知识与科学知识的差异反映出二者不同的知识建构方向：科学是开放的、系统的、客观的和分析性的，建立在精确把握上；相反，本土知识是相对封闭的、非系统的、整体论的，缺乏总体的概念框架，建立在经验基础上，通常不适于用演绎逻辑加以衡量。这两种不同的知识建构方向具有较强的互补性，例如，在可以精确量化的认知领域，本土知识需要科学知识的帮助，反之，科学知识需要借助本土知识加以把握。面对大自然的复杂性和人类文化的多样性，充分认识和发挥本土知识与科学知识在知识建构方向上的互补性，是推动知识范式变革的机会所在，这是理解二者相互联系的一个重要视角。因为，今天的科学知识体系主要是在18、19世纪建构起来的，吸收了已有的地方民间知识。但是，可吸收的、未遗忘的民间知识只是本土知

---

① Arun Agrawal,"Indigenous and Scientific Knowledge: Some Critical Comments", http://www.nuffic. nl/ciran/ikdm/3-3/articles/agrawal.htm. 2007-04-10.

② Ole Henrik Magga,"Indigenous Knowledge Systems-The True Roots of Humanism". IFLA World Library and Information. http://www.ifla.org/IV/ifla71/programme.htm. congress Oslo,14-18 August 2005. 2007-03-18.

科学的声讨，不仅仅来自于那些不了解科学的人们，而且来自科学内部，许多科学家不再相信科学是人类“进步”的唯一的通道，对科学的由来已久的迷狂正在发生着改变。其三，尽管科学界广泛使用系统参量进行复杂问题的调查和研究，如混沌理论、随机性研究方法等，但科学主要依靠选择简单即“可控实验”的方法，必然丢失甚至在一定程度上切断了与文化认知所能达到的最大效力的联系，而这一点，恰恰是本土知识的长处。对世界的描述，诸如痛苦、困厄、美的感觉等存在的意识，不可能完全由科学来实现，因为人类存在的真相远较科学的真相要复杂得多。本土知识常被看做是原始的（primitive）、前逻辑的（prelogical）、不合逻辑的（illogical）、非理性的（irrational）和无条理的（incoherent），然而，本土知识在理解本土现实方面往往优于科学知识。本土知识所提供的解释框架，是对科学知识的一种补充，同样有助于人的社会存在。因此，本土知识没有必要把科学作为自己存在的标尺，更不必在科学面前祈求合法化，相反，应该发挥自身优长，补充科学之不足。

第三，本土知识与科学知识在发展领域中的应用具有互通性。

通常认为，本土知识固着在特定的自然和文化环境之中，其显著的特征是具有价值负荷、情景依赖，与之相反，科学知识以一种普遍有效的认识框架脱颖而出，与情境性无干。[①]然而，从当代科学的发展趋势来看，科学的社会条件，特别是科学成果赖以产生的实践背景，越来越受到关注；[②]把科学看做是实践和文化的观点，坚持科学家工作空间上的多样性、不规则性和异质性的观点，越来越得到证实。[③]这种科学知识情景化

---

① T. Banuri and F. Apffel-Marglin, (eds) *Who Will Save the Forests? Knowledge, Power and Environmental Destruction*, London, Zed Books, 1993,pp.11—13.

② A. Pickering, (ed),*Science as Practice and Culture*, Chicago: Chicago University Press, 1992,pp.7—8.

③ B. Barnes, and D. Bloor ,“Relativism, Rationalism and the Sociology of Knowledge, in M. Hollis and S. Lukes (eds) *Rationality and Relativism*, Oxford: Basil Blackwell, 1982 ,pp.1—20.

K. Knorr Cetina, *The Manufacture of Knowledge: An Essay on the Constructivist and Contextual Nature of Science*, Oxford: Pergamon,1981.

B. Latour and S. Woolgar, *Laboratory Life: The Social Construction of Scientific Facts*, Beverley Hills: Sage, 1979.

取向的凸显，使人们认识到，在考察不同地域和不同人群的知识创新时，应寻找本土、科学两种创造知识的方法的共同连接，而不是简单地把本土知识、科学知识割裂开来放入两个对立或无干的范畴之中。换言之，本土知识与科学知识在情境层上，是相通的。这一点，得到了跨文化研究的有力支持。20世纪60年代和70年代，知识和技术体系的跨文化比较成为科学、技术与社会（Science / Technology and Society, STS）研究的一个活跃的领域，到1990年代中期，跨文化研究不断升温。跨文化研究的理论前提是“不同文化在不同时期创造出来的理解自然界的方式，应该在平等的基础上作为知识体系来加以比较”，实际上，跨文化研究是把地方性的创新认定为是科学知识的潜在基础。在跨文化研究的促动下，科学知识社会学迅速发展起来。科学知识社会学认为，科学文化同样具有高度异质性，科学理论本身就是异质的地方性实践的聚合体，汇聚所有行动和关于研究工作的高端产品：“方法、策略、技术、约定”；“所有的知识体系本质上都是地方性的，都是建立在别人的前期劳动基础上的集体实践的产物”；知识的地方性和普遍性之间存在张力，正是这种地方性和普遍性之间不同程度的“磋商”，使知识的演进获得了动力。①

情境性虽然有把科学带入相对主义的迷茫丛林的危险，但却突破了科学知识观的传统范式，拓展了知识多样性的哲学内涵。从本质上看，情境性的指向，其实是人类追求全面发展在知识论领域中的反映。全面发展强调的是发展的人文性的回归，这是理解本土知识与科学知识在发展领域中应用具有互通性的关键。早在20世纪上半叶，人文主义者就对实证主义知识观提出了质疑，科学人文主义的首倡者乔治·萨顿即主张，科学与历史、时代精神以及个人存在、思考之间有着不可分割的依存关系。②如前所述，本土知识与西方知识存在差异，但细节上的界线并不十分清晰，二者的实质区别取决于如何定义方法和目的。在方法上，二者之间的差异较为显著，但在根本目的上，二者是统一的、互通的。人类生产知识的基

---

① 希拉·贾撒诺夫、杰拉尔德·马克尔、詹姆斯·彼得森、特雷费·平奇编，盛晓明、孟强、胡娟、陈蓉蓉译：《科学技术论手册》，北京理工大学出版社2004年版，第92—107页。

② 乔治·萨顿著，陈恒六等译：《科学史和新人文主义》，华夏出版社，1989年版。

本目的有二：生存和意义。理解和控制环境是为了生存，努力探寻人与自然背后的原因是为了寻求生存的意义，为此，人类构建了与环境多样性相适应的多样性的知识系统，这些知识系统完全可以跨越方法上的差异和隔阂，走向联合、融通。事实上，在发展领域，本土知识与科学知识的互通性，已得到广泛的理解和支持。发展越来越被看做是增强人的有效自由包括追求价值及其原因的一个过程，任何人类的群体都有追求价值及其原因的自由。发展理论中的“以人为本”，即是在一个更广的整体上思考人类的生存、作用和地位，它包容洞悉现实的多种可能性的存在。既有整体观又不脱离现实视野，进入细节又不失去整体，才是最具人文色彩的理性取向。机器能够精确测量出细节，如光的频率，但当把数据细节组织起来构建一个整体时，人类优于任何机器，原因之一就是人利用了自身的直觉潜能。从这种意义上讲，本土知识所包含的整体观、直觉观具有优良的人文品质，是全面发展不可或缺的知识资源。[①]在全球化的世界，威胁人类的全球性问题日益突出，如果知识的多样性、互通性没有得到充分的认识，《生物多样性公约》、《21世纪议程》、《千年发展目标》等将有可能变为一纸空文。

（三）本土知识与科学知识的互借

本土知识与科学知识的差异和联系，为二者之间的互借提供了广阔的基础和丰富的可能性。所谓互借，就是基于差异和联系建立取长补短的连接点，达到优势互补的联合。今天，在许多领域里，本土知识在与科学知识系统的对话和相互作用中发展、变化，科学知识创新系统也在不断吸纳本土知识的内容。虽然，本土知识的作用通常受到文化传统和地域环境的限制，一般不可能像科学知识一样，具有解决问题的普遍性功能，但是，在农业、医疗、环境等具有综合性和交叉性特点的领域，本土知识与科学知识的多种现象直接联系在一起。从当代发展领域存在的问题和变化的趋

① Ole Henrik Magga, “Indigenous Knowledge Systems-The True Roots of Humanism”. IFLA: World Library and Information. http://www.ifla.org/IV/ifla71/programme.htm. Congress Oslo,14-18 August 2005. 2007-03-18.

势来看，这两种知识系统的联合与互借，通常能提供更理想的解决问题的方案，在推动社区发展、促进知识的生产和创新、应对全球问题等方面都有着广泛的应用前景，是建构国家知识创新体系的一个重要方面。

第一，推动社区发展。

在发展领域里，社区是社会结构中的基础单元。在社区层面上，有普遍性的问题，但特殊性问题往往是制约发展的关键。本土知识的功用边界多以社区为限，是维系社区存在、演变的共有财产。社区发展问题是普遍性问题和特殊性问题交织之所在，因而是本土知识与科学知识接触、碰撞的前沿场所，二者的联合、互借，前景最为广阔，是破解社区发展难题必要而有效的途径。在农业领域，现代科技通过大量繁殖高产变种（high yielding variety, HYV），在全球范围内提高了农业的产量，但高产变种往往是高度敏感的，只有当营养和水分得到有效保障，病虫害、杂草得到有效控制，配套系统、扩展服务如灌溉、加工、市场等得到有效组织，其潜能才能发挥出来。在很多农业社区，自然和社会条件都难以达到这种要求。例如，在非洲，生物技术在开发贫瘠土地以获取更大的产量、更少的虫害方面，受限因素多；在亚洲，绿色革命难以取得全面成功的根本原因，就是基础建设条件跟不上。近年来，国际社会逐渐开始理解本土社区复杂的生态—社会系统的意义：很少有危机，能适应地方条件，通常更可持续，甚至无须外界高投入条件也能维持单种作物的同等产量。事实上，农业社区能敏锐感知其生计事项的本能，多得益于本土知识对社区特殊问题所具有的针对性。随着很多小规模生产者转回到了本土知识和实践，社区和乡村服务提供者将更加依赖本土知识。一些农业研究机构也呼吁应降低对人工变种的依赖，转而依靠由社区代代相传的遗传原种，即自然资源物种（land races）。因此，在社区层次上，要提高农业生产力，在依靠科技的同时，还应继续锤炼本土技术。[①]在医疗领域，本土医疗知识作为现代医疗的补充，在解决疑难杂症、昂贵的药物和治疗费用问题方面起着

---

① R.Bunch, M. Canas, “Farmer Experimenters: Self-developed Technology”, *IK Notes* 49,October 2002.

不可替代的作用。对于贫困社区，由于受到支付能力和其他条件的限制，对传统医疗的依赖度较高，传统医药在社区初级医疗中发挥着基础性的作用。另外，基于社区的护理，具有经济、方便、持久的特点，也是现代疾病防控的重要手段之一。在环境领域，本土知识是人与自然和谐相处的知识结晶，有的本土环境知识早已成为科学知识的重要组成部分，二者相互嵌合，使科学的环境管理越来越离不开基于社区的制度支持、知识支持。

第二，促进知识的生产和创新。

本土知识对科学创新的贡献常不为人知或被低估。其实，现代疫苗的产生，正是源自牧人的经验，他们用带病牲畜的唾液泡沫接种给健康的牲畜，以使其获得主动的免疫能力，巴斯德（Pasteur）据此获得了灵感和启示。弗莱明（Fleming）发现盘尼西林（Penicillin）的过程同样基于本土经验，这种例子不胜枚举，天文学、药物学、食品技术、冶金甚至数学等的基础大都源自传统知识和实践，只是在过去的一百多年里，科技的空前进步产生了一种明显的偏见，即把源自本土知识的贡献和发明归功于受过规范教育的研究者和工程师，把未经过科学实验程序验证的本土实践排除在科学殿堂之外，导致大量的本土知识被遮蔽。千百年来，地方社区依靠其本土知识和技能对付苛刻的环境挑战，如通过观察云的形成、鸟的迁徙方式、季节风的变化等，发展了天气预报系统以及可持续的土地利用系统，以有效应对干旱的扩展、突发的洪涝、虫害流行、土壤贫瘠化等。在一定程度上，本土知识即是本土社区的科学技术，社区成员一向扮演着科学家和创新者的角色：观察，得出结论，采取行动。①

众多的实践表明，科学与本土知识相连之处，往往是知识创新的生长点。例如，与现代制药方法相比，本土知识在筛选植物的医用价值方面选择的成功率和有效性比例可大幅提高。本土知识与其他知识系统的相互作用已成为研发产品和服务的重要机会所在，没有本土知识的输入，今天使用的很多有价值的医药产品，将不存在。②

① C. Roncol , K. Ingram , C. Jost , “Burkinafaso Faso: Integrating Indigenous and Scientific Rainfall Forecasting”, *IK Notes* 39,December 2001.

② 张永宏：《非洲发展视域中的本土知识》，中国社会科学出版社2010年版，第187页。

第三，联合应对全球性问题。

本土知识根植于文化和生态多样性之中，是一种包含了语言、命名、分类、资源管理、礼仪、世界观的文化复合体。虽然本土知识大多主要通过口传的形式代代相传，很少被文本化，但同样具有相对的完备性，是人类解决特殊环境和发展问题的宝贵财富。

在现代社会，超复杂性问题越来越多，如贫困、人口、环境、能源、安全和社会管理等，科学单枪匹马作战被证明是难敷使命的。在当代，自然资源基础的恶化，农业生产力的下降，接近和利用自然资源方面的冲突，是促使人们重视本土知识的主要原因。仅从粮食安全方面看，现代农业技术的不断发展，大大提高了粮食的单产量和总产量，但发展中国家的饥饿人口仍然大量存在。原因是复杂的，但机器、化肥和农药大规模进入农业，使本土低投入低产出的生产系统转变成为高投入高产出的生产系统，这种高效的生产方式必须依赖于本土生产系统以外的要素来支持，特别是由发达国家提供的技术、贸易、竞争机制和市场标准，包括价格、补贴、市场限制、土地使用权变化、工艺要求等，导致农业及养殖业风险剧增，这是全球化背景下不容忽视的影响。因此，本土知识仍然是发展中国家的乡村民众抵御外部影响、防备饥荒、获取基本口粮必不可少的谋生手段。事实上，包含在本土知识中的粮食生产经验、食品加工方法和储藏方式，具有方便、实用、投入低、本地适合性好等特点，熟练掌握这些知识，对满足基本需要，适应环境，选择作物的可靠变异，确保粮食安全，是极为重要的。据估计，如果没有植物、动物、昆虫、微生物和农业系统等方面的本土知识提供食物保障，可能有三分之二的世界人口无法生存。①

随着本土知识与科学知识互借的效力不断显现，近年来，许多国家把本土知识看做是进入知识经济时代的国家资本，倡导把本土知识嵌入教育、科研等知识传承与生产体系，发展具有地方特色和文化内涵的创新系统，为自主知识创新体系的形成铺平道路。当然，要达致本土知识与科

① 张永宏：《本土知识概念的界定》，载于《思想战线》，2009年第2期，第3页。

学知识的互用、互借，是一个复杂的课题。从建构国家知识创新体系的角度来看，应重视研究以下一些方面。（1）扶持社区层次上的草根创新。基于基层社区的草根创新，能更好地体现知识在特定环境中的可能性和潜力，体现传统社区对科技发展的贡献。帮助社区建立收集、证实、传播、交换、整合本土知识的机制，评价、促进本土知识实践的环境，将催育草根创新，拓展社区知识库，引导出更多的创新，这是促进知识创新的社会基础。（2）建设本土知识数据库。本土知识通常为集体所共有，代代相传，其创新是一种非规范的增殖，难以得到现行知识产权制度的有效保护。因此，建设本土知识数据库，是保护利用本土知识、促进科技发展的一个重要方面。（3）搭建本土知识与科学知识沟通的桥梁。科学家需要懂得本土知识背景的特异性，本土知识实践者需要接受现代科学的质询。但是，由于对本土知识的重视普遍不够，阻碍了R&D研究者与本土知识的联系，需要建立各种层次的本土知识资源机构，在科学家和本土实践者之间建立起沟通的桥梁，以激发开放、包容、相互学习的意识和愿望。（4）把本土知识整合进入国家创新体系。如把本土知识引入学校教育和学历认证体系，鼓励本土知识型企业的发展，设立本土知识研究基金，完善保护本土知识的立法等，为本土知识的传承、开发和利用提供跨学科、多学科合作和分解式探索的机遇，以丰富国家创新系统。

七、本土知识保护与利用战略①

近十多年来，非洲重视把本土知识的保护与利用嵌入发展计划，一些国家为此出台了专门的本土知识保护与利用战略，其核心内容包括：整合本土知识进入科技创新体系，整合本土知识进入减贫计划，整合本土知识进入教育政策，以及把本土知识事项纳入立法体系、政府管理体系、国家建构视野等。非洲出现的本土知识保护与利用战略，是后殖民时代、全球化时代知识、权力与发展相互关联这一时代特征的反映，也是发展中国家在探索本土发展道路方面具有代表性的尝试。

① 张永宏：《非洲的本土知识保护与利用战略》，载于《国际政治研究》，2010年第3期。

把本土知识与非洲的发展联系起来，是近年来非洲建构自主发展动力体系的新探索。在非洲，发展的自然条件和社会条件都比较薄弱，正如西方发展理论所看到的那样，现代化的起始条件基础较差，在这样的背景下，本土知识既是非洲人民减贫、减灾、保护环境、维护健康的基本手段，也是非洲应对经济全球化、社会知识化、文化多元化挑战的宝贵财富。从非洲普遍缺乏民族国家一般的形成过程这一角度来看，本土知识的意义还远不止生产、生活中的实际功用，其精神价值对建构非洲的自立能力有着多方面的意义。非洲出现的本土知识保护与利用战略，不仅具有代表性，而且具有研究和借鉴价值。

非洲贫困人口多、贫困程度深、生态环境脆弱、国家形成过程特殊，在这样的条件下谋求发展，保护、利用本土知识有着突出的现实意义。近十多年来，国际发展机构、非盟、非洲一些国家把本土知识的保护与利用列入发展计划，先后出台了一些本土知识保护与利用战略。例如，1998年，世界银行非洲地区知识和学习中心编制了《本土知识与发展行动框架》（*Indigenous Knowledge for Development: A Framework for Action*）；1999年，乌干达发布了《本土知识与可持续发展国家战略和行动框架》（*IK for Sustainable Development: National Strategy and Framework of Action*）。2002年，乌干达把本土知识在减贫中的应用机制编入《乌干达国家整体发展框架》（*The National Comprehensive Development Framework, CDF*）。2004年，南非政府颁布了《本土知识系统政策》（*Indigenous Knowledge Systems*），随后又设立了本土知识国家研究基金。2005年，非洲第二届科技部长会议通过了“非洲科技整体行动计划”（the Consolidated Plan of Action for Promoting Science and Technology Across Africa），该行动计划把本土知识的保护与利用列入其中。2007年，赞比亚国家科学和技术委员会举办了本土知识和技术传播研讨会，开始建设赞比亚本土知识体系数据库和发展基金，着手推动国家战略关注本土知识的保护与利用。此外，肯尼亚、坦桑尼亚、斯威士兰等国建立了国家防灾、减贫方面的本土知识应用信息系统，纷纷启动本土知识教育、培训和管理计划。纵观非洲出现的一系列本土知识保护与利用战略，可以看出，其核心内容是整合本土知识进入科技创新体系、教育体系、减贫计划，并把本土知识事项纳入立法体系、政府管理体系及国家建构视野。

（一）整合本土知识进入科技创新体系

本土知识与科学知识分属不同的知识范畴，本土知识的作用通常受到文化传统和地域环境的限制，一般不可能像科学知识一样，具有解决问题的普遍性功能。但是，本土知识所包含着的生存方式和技能，不仅可以补充科学知识的不足，而且能为知识创新提供广阔的背景和多样化的选择线索。因此，本土知识与科技创新系统是紧密联系、相互交织的。在科学发展史上，本土知识是科学知识发生、发展的土壤，证据俯拾即是。今天，本土知识在与科学知识系统的对话和相互作用中发展、变化，科学知识创新系统也在不断吸纳本土知识的内容。非洲对这种关联价值的认识，是在促进科技发展的进程之中逐渐清晰起来的。

20世纪70 年代，大多数非洲国家在完成国家独立任务之后，创立了一批科研机构，制定了一系列科技发展政策。1980年初，非洲的拉各斯行动计划开始系统思考非洲联合自强的根本途径。1994年，非洲经济共同体通过的阿布贾协议进一步突出了发展这一主题。进入21世纪，非洲国家和国际社会共同发布了千年发展目标，积极探索切合非洲实际需要的知识生产方式，以应对诸如粮食安全、环境退化、疾病、水安全等方面的挑战。2001年7月，非盟成立，并通过了非洲发展新伙伴计划（the New Partnership for Africa's Development, NEPAD）。非洲发展新伙伴计划重视搭建非洲内部、非洲与世界之间的科技桥梁，并积极推进知识共享，倡导基于本土文化的发展。但是，非洲大多数国家由于科技教育落后、研究与发展（R&D）投入低、专家流失严重，“科学、技术和创新”这一组发展的动力体系推进起来一直步履维艰。2003年以来，在联合国教科文组织的支持下，非洲发展新伙伴计划秘书处在南非的约翰内斯堡组织召开了非洲第一届科技部长会议，会议通过了“非洲科技行动计划纲要”，在此基础上，两年后，第二届科技部长会议发布了“非洲科技整体行动计划”。该计划认识到，本土起源的应用性技术具有强交叉联结性，因此，本土知识是创新的肥沃土地，应将其列入非洲的科技发展战略。针对非洲的现实和条件，并着眼于世界科技发展的前沿趋势，“非洲科技整体行动计划”按项目的内在关联性，规划了若干大类的科技发展项目，其中，“生物多样性、生物技术和本土知识”被列为第一大类，包括三项行动计划：一是生物多样性的保护和可持续利用，二是生物技术应用及其安全问题研究，三是本土知识的保护和利用。“本土知识的保护和利用”行动计划认为：“非洲有着丰富的本土知识和与之相关的技术，它们根植于非洲的文化和生态多样性之中；数千年来，非洲依靠它们解决特殊的发展和环境问题。这些知识和技术，在生物多样性保护、可持续利用中起着不可忽视的重要作用；在抵抗艾滋病和其他疾病，防止环境退化等方面，同样有着重要的作用。因此，进一步理解和利用非洲本土知识，建设非洲本土知识数据库，加强对本土知识的保护、开发，实现本土知识在教育课程中的整合，是发展非洲科技的一个重要方面。”①非洲一些国家的本土知识保护与利用战略更加明确地认为，本土知识在筛选植物的医用价值方面，有效性比例可提高4倍，生物选择的成功率试验比例可以从万分之一提高到二分之一，没有本土知识的输入，今天使用的很多有价值的医药产品将不存在。因此，本土知识与其他知识系统的相互作用是研发新产品和服务的重要机会所在，不能低估；从全球竞争的角度看，面对全球传统医药创新产品拥有每年超过300多亿美元的市场，非洲国家决不能忽视本土知识的创新价值。②

接下来的关键问题，是如何把本土知识整合进入国家创新体系。南非的基本做法是设立本土知识国家研究基金予以资助。

南非《本土知识系统政策》认为，和所有知识系统一样，本土知识发

---

① African Union (AU) Commission and the New Partnership for Africa's Development (NEPAD), “the Consolidated Plan of Action for Promoting Science and Technology across Africa,” http://www.nepadst.org/doclibrary/pdfs/doc27_082005.pdf.

② Department: Science and Technology, Republic of South Africa,“Indigenous Knowledge Systems,” http://www.dst.gov.za/ publications- policies/strategies-reports/reports/IKS_Policy%20PDF.pdf /view? searchterm=“indigenous%20knowledge%20systems”

展同样需要投入公共资助，包括本土知识的研发、创新、保护，以及与此相关的成果鉴定、政策协调、合作、课程开发、小型企业发展、公共管理等，都应有适当的基金予以支持；财金因素的缺失，必然限制本土知识作用的发挥，对本土知识研发的资金支持具有促进经济增长的战略重要性，国家应创造条件，在多种科学部门特别是农业、医学、工业、科学研究领域，设立本土知识研究项目，在国家研究基金中建立专门的本土知识研究基金，为本土知识研究提供跨学科研究、多学科合作和分解式探索的机遇，以丰富国家创新系统。①

南非本土知识国家研究基金的主要资助方向包括：破译、辨认和揭示本土知识的基本属性，发展理解本土知识特性的相关理论范式和方法范式，提高南非在本土知识领域的研究能力，呈现本土知识在国家发展中的作用；支持研究机构援助本土和地方社区在生物资源保护和开发方面的创新实践，特别支持乡村地区发展本土知识型中小工业，并为农业和工业企业的中长期需要提供宽泛的资助；资助本土知识项目的合作、协调，以扩大其影响；在与已有的项目连接方面，通过提供实验机会，鼓励地方社区、学校、企业和其他社会组织应用本土知识成果；支持建立具有独立性的资金组织，如本土知识信托基金组织；支持草根创新者的能力发展，如小规模农场主、手艺人、妇女和工人；引导各种市场和非市场手段支持本土技术升级；资助大学研究机构建立本土知识中心和实验室，援助现有的机构促进、发展、保护本土知识等。该基金涉及本土知识生产、传递和利用的方方面面，如本土知识的传统特征与现代性，本土知识界限参数和操作范式，本土知识在恢复社区个人和集体的尊严、自信和生产能力方面所能起到的作用，本土分类学，本土社会文化系统，本土知识的理论和哲学基础，传统医药和健康，本土食物系统，本土艺术、工艺和材料，社区权力，冲突的管理和预防，宗教、文化和本土语言，本土知识与其他知识系统的区别，本土知识的知识产权，本土知识国家政策的制定和管理，本土

① Department: Science and Technology, Republic of South Africa,"Indigenous Knowledge Systems," http://www.dst.gov.za/ publications-policies/strategies-reports/reports/IKS_Policy%20PDF.pdf /view? searchterm="indigenous%20knowledge%20systems".

知识可持续资源利用，等等。[①]2008年，南非在国家研究基金管理机构中专门成立了本土知识系统项目管理委员会；2009年，南非科技部进一步就资助本土知识的保护和利用制定了项目指导书，大力扶持本土知识与创新的连接。[②]

（二）整合本土知识进入减贫计划

非洲大量人口生活在绝对贫困之中，许多国家长期存在缺粮问题。[③]非洲的贫困问题往往与疾病流行、环境恶化缠绞在一起，互为因果，成为非洲减贫的三大难题。因此，非洲减贫的任务，重要的是发展农业、增加基本口粮的供给，发展医疗事业、控制疾病流行，维护生态平衡、遏制环境恶化。

发展农业是解决非洲饥饿和贫困的关键，但由于资金和技术缺口大，非洲的现代农业发展不足，传统农业仍然是农业生产的基本方式。非洲96%的农民以耕作小于5公顷的小土地为主，传统小规模农业在维持生计上占据支配地位。[④]传统农业是一种生态耐受性强和有弹性的作物生产系统，是适应本地环境的安全生产方式，其可持续性已得到长期证明。同时，传统农业承载着大量的劳动力，是就业、减贫的关键领域。事实上，黑非洲九成的粮食生产靠传统方式，传统农业是非洲的重要经济活动，本土知识在其中起着支点性的作用。因此，南非《本土知识系统政策》指

---

① National Research Foundation,"Indigenous Knowledge Systems," http://www.nrf. ac.za/ projects. php?pid=45; National Advisory Council on Innovation (NACI),"the South African National System of Innovation: Structures, Policies and Performance,"*in Background Report to the OECD Country: Review of South Africa's National System of Innovation*, 21 JULY 2006, Pretoria: National Advisory Council on Innovation.

② National Research Foundation,"Indigenous Knowledge Systems(IKS)Programme," http://www. mrc.ac.za/funding/newsitems/iksguide.pdf.

③ Martin Rupiya,"Food Aid: The Implication for Food Security in Africa,"*African Security Review*, Vol.13, No.1, 2004, p. 84.

④ Jenny Clover,"Food Security in Sub-Saharan Africa,"*Afican Security Review*,Vol.12, No.1, 2003, p.12.

出，南非应尽快创立鼓励机制，大力开发本土知识的经济潜力，推进本土知识成为维持生计、增加就业、推动可持续发展的动力。①

从因地制宜的角度来看，本土知识不仅是解决非洲缺粮问题的基本手段，也是提高农业生产力不可或缺的知识资本。非洲由政府推进的农业技术重视与农民发展起来的本土技术相结合，不仅成本效益佳，而且具有环境友好性，可增加妇女自助的收入来源，促进乡村发展，提高粮食安全的保障程度等，其积极影响是多方面的。

近年来，非洲许多国家越来越重视整合本土知识进入减贫计划。乌干达把本土知识列入了"国家农业现代化计划"（National Program to Modernize Agriculture），并依托国家农业研究组织（National Agricultural Research Organization, NARO）研发相应的方法，使本土知识实践得到甄别、测试，为孵化本土创新、整合本土知识进入国家减贫战略，提供有效的实践框架。坦桑尼亚的"农业发展计划"（Uluguru Mountains Agricultural Development Project，UMADEP），一方面，把农民引入"本土知识整理与自然作物保护计划"（Natural Crop Protection，NCP）中，并通过相关的教育训练，促进本土知识的传递；另一方面，把信息技术运用于本土知识的收集、整理和传播之中，帮助社区建立本土知识收集、证实、传播、交换、整合的机制，催育了社区的创新，有效提高了农业生产力水平。津巴布韦、坦桑尼亚、莫桑比克、斯威士兰在联合国粮农组织指导下开展的一项名为"连接计划"(The Links Project: Local Knowledge to Conserve Biodiversity and Achieve Food Security)的粮食安全发展项目，强调粮食安全服务包含着的两种连接类型：本土知识与农业管理的连接，农业生物多样性知识与人力资源的连接，有效地提高了东南非乡村充分利用农业生物多样性知识以实现粮食自给的能力。②

---

① Department: Science and Technology, Republic of South Africa,"Indigenous Knowledge Systems," http://www.dst.gov.za/ publications- policies/strategies-reports/reports/IKS_Policy%20PDF.pdf /view? searchterm="indigenous%20knowledge%20systems".

② UNESCO-LINKS,"Science, Traditional Knowledge and Sustainable Development,"ICSU/ UNESCO, 2002, http://portal.unesco.org/science/en/files/3521/10849767441ICSU_Report.pdf/ ICSU%2BReport.pdf.

把传统医药知识整合进政府卫生事务，是非洲减贫战略的又一个重要方面。在非洲，传统医药往往是穷人唯一能够支付其费用的医疗形式，高达80%的人口依靠传统医药满足其健康需求。非洲传统医药由于具有文化可接受性和经济可承受性的优势，得到广泛的应用，并在卫生系统里快速增长，其减贫的重要性在不断增加。近年来，非洲一些国家政府高度重视本土药物的开发利用，有的还成立专门的本土医药管理、研发机构。例如，在世界银行的援助下，埃塞俄比亚政府开展了非洲第一个传统医用植物的保护和可持续利用计划，以服务于人畜健康。[①]设在南非开普敦的非洲传统医药国家咨询中心，专门负责指导传统医药的教育和培训，以及相关加工工业的建立，以此促进减贫。南非、中非、几内亚、马拉维、肯尼亚和科特迪瓦等国联合开展的“医用植物和地方社区计划”（The Medicinal Plants and Local Communities–Africa, MPLC–A），在每个国家建立一个国家中心，形成了由200多个科学家、研究人员、传统医师组成的医用植物、传统医药和本土知识信息交换网络，并分别在非洲的英语区和法语区成立了两个国际性地区工作室，开展多方面的工作，如医用植物和传统知识的保护，《生物多样性公约》的执行，地方社区和传统医师的参与研究，新药研发，传统医药工业化生产工艺的标准化，在公共卫生系统中整合传统医药等，重点关注对医用植物的保护、种植和可持续利用，通过鼓励社区运用本土知识，探索利用生物资源的可持续方法，帮助社区脱贫。[②]

世界银行一向支持非洲国家应用本土知识改善医疗条件、促进减贫。在埃塞俄比亚，世界银行支持医用植物市场的发展，并努力促进地方研究机构、非政府组织、民间医师和全球科学共同体在传统医药实践的科学证实方面的合作；在西非大多数国家，世界银行支持的艾滋病防控项目都倡导向传统医师进行系统咨询；在布基纳法索，世界银行帮助促进传统水资

① J. Lambert,“Ethiopia: Traditional Medicine and the Bridge to Betler Health,” *IK Notes* 35, August 2001.

② MOST/CIRAN,“Best Practices on Indigenous Knowledge,” http://www.unesco.org/ most/ bpikpub.htm.

源管理和土壤保护；在几内亚艾滋病防治项目中，寻找、组织和培训传统医师投入艾滋病防治工作，鼓励和支持利用传统药物治疗机会性感染；在马拉维社会发展资助计划中，把本土医药知识的评估作为资助社区减贫项目的重要依据；在厄立特里亚儿童健康发展计划中，为改善儿童健康、母婴营养和早期教育，鼓励识别、证实、收集、存储和传播与婴幼儿发展有关的本土知识，等等。近年来，世界银行本土知识与发展计划的走向更加关注传统医药。2005年，世界银行和全球研究联盟（Global Research Alliance）在南非召开研讨会，科学家和来自亚非拉的传统医师在本土知识的科学证实方面深入探讨合作的路径和方法。之后，世界银行加大了本土知识与千年发展目标跨地区远程学习课程的组织力度，支持喀麦隆、布基纳法索、肯尼亚、乌干达、坦桑尼亚、南非、津巴布韦、埃塞俄比亚等国建设本土知识医药数据库。①

环境恶化与贫困是联系在一起的。非洲大陆2/3是沙漠和干地，3/4的农用地存在不同程度的退化，约5亿英亩土地存在土壤侵蚀和退化问题，干旱和沙化严重影响着非洲的农业生产和环境可持续基础，而贫困人群除靠掠夺式利用土地得以生存外，别无选择，这种非持续利用的手段，反过来又加重了环境对生计的威胁。同时，环境问题和贫困往往又成为疾病和战乱的祸根。在科技条件普遍落后的非洲，解决环境、贫困、疾病等发展问题，仅靠科技的力量是不够的，需要动员一切力量，包括本土知识资源。这也是非洲减贫战略中的一个重要方面。例如，非洲的一些自然资源管理计划强调有形知识(如传统医用植物资源)和无形知识（如自然资源管理的调解机制、共享机制等）的利用，加纳生物多样性保护计划积极探索保护和利用自然资源以改善社区环境、生计和健康的有效的本土方法，马拉维湖生态系保护计划利用本土知识经验和实践管理湖区周边社区的经济活动和生计，马拉维、坦桑尼亚、乌干达等国的环境保护计划充分发挥社

① Knowledge and Learning Group of Africa Region, “Indigenous Knowledge: Local Pathways to Global Development,” World Bank, 2004. http://www.worldbank.org/afr/ik/ikcomplete.pdf;World Bank, *Workshop on the Scientific Validation of Indigenous Knowledge and HIV/AIDS*, Johannesburg, South Africa, February 9-11, 2005, http://www.worldbank. org/afr/ik/newsflsh.htm.

区传统制度的作用，尽可能地吸收、整合本土知识，以获取更好的发展效果，等等。①

（三）整合本土知识进入教育政策

非洲现代教育源于西方。西方殖民者在非洲办教育，主要目的是培养乡村传教士、警察、税官、政府事务管理人员等，以满足殖民系统的需求。传至非洲的西方教育，一方面把非洲的本土文化斥为无用的、过时的、未开化的、野蛮的、僵死的，对现代文明毫无贡献，致使非洲学校的课程缺少非洲文明的内容；另一方面，携带着西方文化价值的使命，打断了非洲的传统价值、实践、态度和行为方式，致使非洲受教育的精英与非洲传统文化疏离。

事实上， 非洲文明对现代文明同样做出过巨大的贡献。例如，在几何学、代数学、医学、药学、物理学、化学、外科学、宇宙学、文字、诗歌和戏剧、宗教和伦理等科学文化方面，以及棉花、黍、西瓜、可乐豆、咖啡等农作物的驯化方面，都凝结着非洲人的智慧。但近代以来，殖民教育排斥非洲本土文化元素的倾向已经严重侵蚀、影响着非洲人的生活方式和基本的价值取向，必须有本土的教育模式来反映非洲的历史和文化系统，重塑非洲人自尊、自立的信心。非洲基于本土化的去殖民化运动，要旨之一就是要发展一种批判性的认识论，为去殖民化的目的而考量本土知识的效力，为此，应打破西方通常的知识分类标准，运用建立在本土文化之上的概念、分析体系及范式，挑战西方的意识形态和知识的殖民背景，这不仅有利于道德的评估，也有利于知识的生产、交流和互动，而且，学校课程的本土化能使非洲人特别是年青一代懂得殖民时代教育政策的意图和对非洲人生活方式的影响。②

---

① Knowledge and Learning Group of Africa Region, “Indigenous Knowledge: Local Pathways to Global Development,” World Bank, 2004. http://www.worldbank.org/afr/ik/ikcomplete.pdf.

② Gloria Emeagwali, “African Indigenous Knowledge Systems (AIK): Implications for the Curriculum”, in Toyin Falola(ed),*Ghana in Africa and the World: Essays in Honor of Adu Boahen*, Africa World Press, New Jersey,2003.

从全球化的角度看，一方面，经济、大媒体和现代信息技术平台的相互作用，更趋向于加速同质文化实践的建立，导致文化多样性在快速萎缩。据估计，全球有5 000~7 000种语言，每年消失约100种，约2 500种正在使用的语言处于萎缩状态，其中32%在非洲。另一方面，一些国家采取措施防止本土文化继续受到侵蚀，大力保护本土文化的多样性，积极倡导多元文化观。多元文化观的逻辑指向是尊重本土。教育作为本土知识的载体和本土知识作为教育的内容和模式，二者的联系是广泛的，互为表里，跨文化教学、情景教学的良性循环在这种基础上方得以展开，这正是本土知识的教育功用之所在，而不仅止于对本土知识本身的学习。教育通常分为正规教育、非正规教育和个人自学，非洲的实践表明，本土知识对这三种教育类型的发展，都有着积极的促进作用。非洲是文化多样性最为丰富的地区之一，如何在多元文化的背景之下发展本土教育，成为突出的挑战。因此，非洲复兴计划和非洲发展新伙伴计划认为，国际本土知识运动的成长已影响到主流多边协议，并促成在世界可持续发展约翰内斯堡峰会上通过了生物多样性保护公约和行动计划，本土知识已成为非洲大陆重要的紧急事项。①

南非1995年教育和培训白皮书指出，国家教育和培训政策的基础目标是使每个人能进行独立的价值判断，包括品质和技能的提高，并依据宪法原则，使非种族主义、非性别歧视和社会平等、公正和公平的追求变成国家教育系统的基石。这种理念同时被写入南非1996年科技白皮书和艺术、文化和遗产白皮书。教育是文化的构成部分，而文化又是通过教育得以传递的。本土知识作为传统文化的要素，对传承文化、培养学生解决问题的能力，将产生深远的影响，显然应是教育目标的重要组成部分。2005年，南非《本土知识系统政策》指出，在国家资格认证框架中承认本土知识教育，不仅符合宪法需要，而且有利于创造性地推进经济、社会和文化的发展，有利于在全球化进程中确立非洲文化的价值，其必要性源于三个方面

① Knowledge and Learning Group of Africa Region,"Indigenous Knowledge: Local Pathways to Global Development," World Bank, 2004. http://www.worldbank.org/afr/ik/ikcomplete.pdf.

的原因：其一是基于南非特有的政治历史主干，即种族和文化方面曾对人权的压制；其二是不断加速的全球化对本土知识全球围困的影响；其三，在种族隔离时代及以前产生的知识机构正在转型的过程中，发展本土知识是非洲知识分子存在的表达方式。南非《本土知识系统政策》还就如何把本土知识整合进入教育系统提出了指导原则。第一，应在“新课程大纲说明”中，认识和强调本土知识的重要作用。第二，需要适合的方法学，以调动本土知识融入不同的学习内容之中。第三，国家学历认证框架应对在本土社区中习得的知识和实践，包括口传知识，提供具有法律效力的认定和证明。第四，创立政策手段，维护和监督社区特别是生物多样性丰富地区和经济贫困地区的知识。第五，本土知识具有动态的品质，是在深深嵌入日常生活的基础上而获得活力的，应与终身学习的原则联系起来，使本土知识的教育拓展到学校、学院、研究机构以外。南非本土知识国家战略要求教育部据此采取措施，分阶段整合本土知识进入课程，并尽快建立相关的鉴定机制。①

（四）把本土知识的保护纳入立法体系

在非洲，非洲地区知识产权办公室（ARIPO）（适用于前英国殖民地）和非洲知识产品组织（OAPI）（适用于前法国殖民地）致力于保护社区权利，提高成员国的知识产权保护能力。非洲一些国家如南非，是与贸易相关的知识产权协定（TRIPs）的签署者，有较好的知识产权保护系统，覆盖商标、专利、版权及其邻接权、设计和集成电路、地理标志、植物繁殖权等。虽然非洲涉及本土知识保护的政策指向只要不与非洲地区知识产权办公室、非洲知识产品组织、与贸易相关的知识产权协定脱钩或冲突，在一定程度上可以保护本土知识，但是非洲地区知识产权办公室、非洲知识产品组织这两个组织都没有专门的本土知识保护职能，与贸易相关的知识产权协定不可能对本土知识执行永久保护。更突出的问题是，知识

① Department: Science and Technology, Republic of South Africa,“Indigenous Knowledge Systems,” http://www.dst.gov.za/ publications-policies/strategies-reports/reports/IKS_Policy%20PDF.pdf /view? searchterm=“indigenous%20knowledge%20systems”.

产权体制的个体性给本土知识的保护和创新造成困难。因此，非洲的本土知识保护与利用战略的一个重要观点是，非洲必须发展额外的特别保护，如所有者的共享权连接，原产地的标识、贸易秘密、遗传和生物资源、文化和遗产等的保护，通过双边、多边协议调整跨界事项等；非洲应与其他非洲伙伴及国际社会一起，共同建立统一的本土知识保护联合体，发展合适的本土知识保护机制和法律体系。

南非《本土知识系统政策》指出：首先，很多情况可以在与贸易相关的知识产权协定框架下使用不同的形式加以调解，如利用地理标识、社区权力概念和独特的保护形式等补充现行知识产权管理体系的不足。其次，为防止公共领域的本土知识被作为新发明在其他国家申请专利，重要的是把这些实践尽快文本化；建立传统知识数据库、数字图书馆，打破语言和技术格式的障碍，开发现代分类、检索工具，以防止非法申请、注册专利；建立相关的国家、地区、国际本土知识注册系统，有效支持工业界和本土社区之间的利益共享。同时，应尽快建立便于核定发明的真实性、确定持有者的身份、限定持有者的利益边界、确立利益共享的最低限度标准，以及公开申报知识、证明本土知识所有者和其权利的协议制度等，以帮助本土知识持有者获得未来的经济利益和社会利益。第三，修订南非专利法，创立法律上的保护和利益共享框架，通过立法促进建立规范的本土知识记录系统和保障信息，使本土知识的研究得到尊重，以加强本土知识创新在各种技艺发展中的优先地位，这是促使南非本土知识和国家创新系统相互协调、相互促进的重要步骤。第四，设立专项基金，促进本土知识与创新的连接，包括加强与科学基地的联系，与其他知识系统间的相互作用，与贸易、工业发展的关联等。①

另外，近年来，非洲立法界在环境管理立法方面逐渐认识到：

第一，人类生存依靠自然界。自古以来，植物不仅提供了生存需要的食物，而且提供用来生产商品的原材料，这些原材料维持和提高了人类生

① Department: Science and Technology, Republic of South Africa, "Indigenous Knowledge Systems, " http://www.dst.gov.za/ publications- policies/strategies-reports/reports/IKS_Policy%20PDF.pdf /view? searchterm= "indigenous%20knowledge%20systems".

活的基本条件和品质。但是，工业化和城市化的双重进程，使人类与自然共存的传统变得模糊起来，掌控自然环境的信念遮蔽了现代社会继续广泛依赖于自然产品的事实。现代生物技术的发展促进了北方科学家的技术成就与南方国家的物种多样性的结合，使基因材料的转换能够超越物种的限制，增加了生物多样性的潜在价值。目前所有可用的处方药大约有1/4来自植物，一半多是从自然界混合物中发展而来，而且，许多科学家相信，大部分的疗法可以在基因多样性丰富的热带和亚热带植物中找到。例如，对玫瑰色玉黍螺植物的研究，为儿童白血病的治疗提供了有效的途径。这种植物曾经是马达加斯加的特有产物，但现在由于森林过度砍伐已消失殆尽。因此，非洲应与南方国家一道，努力建构新的知识保护体系，以造福非洲人民。

第二，非洲资源保护立法应反映以本土族群传统为基础的社区在非洲社会构成中的重要性。例如，在非洲农村，耕作或放牧的关系十分复杂，在同一片土地上，多个村庄拥有放牧权、狩猎权、耕作权，只有他们自己代代传承的本土机制才能实现普遍的分配和控制。事实上，在非洲，资本主义的不良发展反而增加了社区关系的重要性。虽然殖民政策破坏了社区的传统功能，但在经济组织中，传统社会网络继续发挥着至关重要的作用。与贸易相关的知识产权协定所主张的私人财产权的制度化，生物多样性保护公约（CBD）所主张的社区权利的私有化，并不都符合非洲的实际。虽然生物多样性公约同样给予了本土社区以适当的权利，但是，其基础是不同的。生物多样性公约从古典经济理论出发，其环境保护观以私有经济政体为基础，力图将社区权利的私有化作为动力机制，支持由规章形成的契约达到在生物多样性管理方面的功效和公平。非洲的新保护法则不适合以私人财产权利的扩张为前提，或者说，不应以社区权利的私有化为前提，而应以反对私人财产权利凌驾于公共资源之上为前提。因此，非洲国家如何调和西方的个人知识产权的观念和非洲全部财产建立在社区权利之上的观念，是环境管理立法的焦点。

第三，非洲的小生产持有者掌握大部分种子及其种植方式，以及非正式的但却是行之有效的生产交换机制，并形成社区网络。实际上，非洲的食品生产和粮食安全在很大程度上取决于非正式的种子网络的运作，在非洲的农业生产中占据主体地位。因此，非洲环境管理立法的又一前提是应为农民提供多方面的支持，包括保护与动植物基因资源相关的传统知识，在基因资源的使用中建立公平的利益共享机制，按照当地和国家的实际情况决定动植物基因资源持续使用的保护水平，利用法律对育种者进行保护，鼓励农户开展农业生产革新和发展特色经营，拓宽本土种子的保护种类等。

第四，关于生物多样性的使用权和所有权的争论在不断深入，传统知识和农民、村社的权利概念引起广泛关注，发展新的知识产权体制来保护本土利益，成为南方国家的普遍共识，拉丁美洲、东南亚和南太平洋的国家已经在积极努力，起草法律来处理生物多样性保护和生物科技发展的冲突。同样，非洲也在积极探索建立一个全面的地区性的法律框架，指导、协调非洲各国保护本土知识，以控制本土知识流失、生物资源被掠夺的严重状况。当前国际贸易讨论中最突出的问题之一，就是在生物多样性保护中如何确认地方的主权、利益和创新实践，焦点是现行的知识产权体系不足以保护本土知识，导致本土生物多样性产物的输出不能得到补偿。因此，非洲环境管理立法的重点应是本土知识的保护。①

在此背景下，1996年，非洲国家在乌干达首都坎帕拉召开了传统医药和药用植物研讨会，高度关注药用植物基因资源的保护和利用，以及与之相关的本土知识问题，把建立保护药用植物的政策、协调机制和发展可持续利用的公共措施等提上了议事日程。1999年，非洲多个政府的贸易代表认识到推进知识产权、生物多样性保护和国际贸易公约改革的重要性，在西雅图世界贸易组织（WTO）会谈中，他们以非洲团队的名义高度一致地主张建立一个保护、共享本土知识的体系，以维持所有的生命系统的多样性，为农业发展、生物资源的保存和可持续利用及国家主权的维护提供保障。经过多年的努力，非洲环境管理立法的取向逐渐清晰、系统化，主

---

① Noah Zerbe, "Biodiversity, Ownership, and Indigenous Knowledge: Exploring Legal Frameworks For Community, Farmers, and Intellectual Property Rights in Africa," *Ecological Economics*, Vol.53, 2005, pp.493—506.

要的趋势是对生物资源及其衍生物、本土知识及其持有者的权利、小生产者的地位等给予多方面的保护；基于对中小生产者的重要性的认识，把农民的权利视为粮食生产与安全的重要组成部分，整合进入资源保护法律之中；确认了社区权利的概念及其在保护生物多样性过程中的中心角色，社区利益、社区在维持生物多样性中的历史性贡献得到了认可。

（五）把本土知识纳入政府管理体系

本土知识一般都零散分布在众多的领域里，相关事项牵涉到粮食生产、医疗保障、环境管理、知识产权保护等，需要农业、科技、教育、环境、旅游、卫生、文化、贸易、工业及地方政府等很多政府部门从不同的角度加以重视、扶持、协调和管理。针对这一特点，世界银行专门在非洲地区知识和学习中心设立了本土知识发展计划，①一些非洲国家政府、非政府组织建立了一批本土知识资源中心，系统开展本土知识事务的管理。非洲的本土知识资源中心数量居各大洲之首，一般分国家中心、地区中心、社区中心三个层次，主要承担本土知识的收集、整理、保存和传播任务，有的也负责鉴定、协调和管理。②较为典型的例子，是南非《本土知识系统政策》在把本土知识纳入政府管理体系方面，进行了全面的规划和设计。

第一，建立政府管理机构和管理机制。南非《本土知识系统政策》高度重视国家本土知识管理机构和管理机制的建设，要求在科技部成立本土知识部际委员会，负责统一协调，保障相关政令具有一致的路径，并规划建立国家本土知识办公室和国家本土知识咨询委员会，作为国家管理本土知识事项的核心机构。

国家本土知识办公室的职能是依据已鉴定的本土知识优先权为社会提供公共资源，并发展执行机构实施与其相关的项目；调整与本土知识相关的信息和物质转让协议的标准，在本土知识持有者、研究者、开发者之间

① Nicolas Gorjestani, “Indigenous Knowledge for Development: Opportuities and Challenges”, in *the UNCTAD Conference on Traditional Knowledge in Geneva*, November 1, 2000.

② CIKARD, *Indigenous Knowledge and Development Monitor*, Vol 7. Iss3, November 1999.

建立边界界定机制；研究本土知识应用中应有的公平和公正的利益共享规则；保持与其他政府部门、外国政府、外国本土知识持有者、外国技术专家、与本土知识保护相关的公共和私人成员等的联络；资助本土知识实验室和中心、实践者和持有者的研发工作；支持建立本土知识信息机构，传播本土知识信息；与传统社区领导人和其他本土知识利益共享者合作，担任社区、个人本土知识争端的处理顾问等。

国家本土知识咨询委员会是一个代表研究机构、社区、知识持有者和实践者利益的顾问体，负责对国家本土知识事务展开调查、研究和咨询，包括项目研究和应用的引导，向政府提出支持发展方面的请求，为科技部提供政策咨询，与国家本土知识办公室就创新事项建立强联结等。

在管理机制方面，南非《本土知识系统政策》制定的主要原则有：国家本土知识办公室设在科技部，其核心功能是识别和保护本土知识，该办公室为部际委员会提供秘书处；国家本土知识咨询委员会负责为政府提供顾问咨询，主要涉及本土知识的识别、促进、发展、保护和证明等内容，并由科技部管理；知识产权注册办公室负责管理本土知识持有人的注册，研究相关法律的修订和发展保护方面的新法，以管理专利申请、商标注册、设计权、版权、地理标识、植物和动物育种专家的权利等方面的事务；贸易和工业部负责研究本土知识保护法律以及相关的特殊知识产权制度；国家本土知识办公室负责处理本土知识要素，使之与教育部的国家资格认证框架协调一致；科技、教育两部联合负责对本土知识所有者进行鉴定；科技部负责协调国家本土知识办公室、国家本土知识咨询委员会、国家创新委员会和知识产权注册办公室之间的相互关系，负责研究拟建基础设施与已建其他机构的紧密共享关系，确保本土知识管理机构与国家机构恰当相交，与研究机构、非政府组织和专家团体保持良好的合作、参与关系；本土知识研究在国家研究基金的资助下进行，以促进本土知识研究在现有研究机构中得以推进的广泛性，提高国家研究机构的创新潜力，同时，鼓励、支持建设南非本土知识信托基金组织。

第二，建立本土知识信息机构和研究机构。南非《本土知识系统政策》指出，南非需要建立合适的信息机构和研究机构，处理本土知识的描述、电子文档获取、分类和检索等，以方便研究、查询和保护，使本土知识得到有效利用。为此，南非对建设本土知识国家数据库、图书馆、博物馆，建立本土知识实验室及社区中心，做了全面的规划。

第三，人力资源发展和能力建设。南非《本土知识系统政策》把本土知识看作是一种主要的国家能力资源，理所当然应被整合进入国家人力资源发展战略、国家技能发展战略和国家可持续乡村发展战略。本土知识由宽广的知识组成，大量被教育、创新、工业和商业领域中的主流知识所掩蔽，因而造成对本土知识持有者的人力资源价值的忽视。事实上，本土知识持有者作为本土知识的监护人，在创新和本土知识的商业化方面，蕴藏着巨大的潜力。 在南非本土知识国家战略中，本土知识人力资源的建设包括三个重点：（1）本土知识人才队伍建设；（2）本土知识型企业的建设；（3）提高本土知识的社会影响。

（六）把本土知识纳入国家建构视野①

民族国家的一般形成过程是以民族认同、文化认同为基础的，但非洲绝大多数国家是先有国家，然后再谋求对国家的认同。非洲的国界大多是19世纪后半期殖民者在地图上依据经纬线和几何方法画出来的，②这样的国境线，反映的是西方列强的势力分割，而不是非洲人民的自然诉求。第二次世界大战后，殖民体系全面崩溃，但殖民者撤退时，常采用分而治之或“以夷制夷”的手段，为日后继续施加影响埋下伏笔，进一步加剧了非洲国家建构的复杂性。非洲国家历史的这种独特性，是造成非洲凝聚力差、抵抗力弱、依附性强的一个重要原因。

本土知识作为传统文化的核心成分，必然反映着历史、政治、经济和社会中的哲学、认识论、伦理取向和生活方式。例如，本土知识是本土认

---

① 张永宏：《非洲发展视域中的本土知识》，中国社会科学出版社2010年版，第159—177页。

② 非洲国境线44%由经纬线而来，30%依几何方法画定。参见李安山：《全球化视野中的非洲：发展、援助与合作——兼谈中非合作中的几个问题》，载于《西亚非洲》，2007年第7期，第8页。

识论的反映，代表着文化和语言的权力，关涉如何在现实中确立文化遗产及其所荷载的意义，这是本土哲学的中心问题之一。全球化统领世界，在全球政府缺位的情况下，如何维护本土权力，涉及政治问题。殖民主义对本土知识的贬低、掠夺，一直是影响穷人生存、发展的主要根源之一，涉及历史、伦理和社会学问题；在文化同一化和多样化的博弈之中，如何防止本土偏见、本土认知错误的产生，与方法论问题密切相关，等等，这些问题拓展了本土知识的意义，对国家的文化认同和自主发展起着重要的作用，就非洲的特殊建国史而言，更具有丰富的现实意义。

首先，有助于在全球化时代进行本土定位。早在1880年代，泛非主义者（pan-Africanist）即提出非洲个性（the African personality）、非洲群体意识（the collective consciousness of Africa）、非洲社会范式（paradigm of African society）等概念，并将之置于哲学、社会和政府的法律体系、军事组织和制度建设的中心。[①]殖民、去殖民、新殖民是全球化古老的一面，电子技术造成时空浓缩，后现代思潮产生的不知所措和反叛，社会变革在全面提速，政治、经济、社会、文化发展进程加快，是当代全球化的新表现，但都并未注定会给全球带来团结和公正的秩序。西化使南方国家的生活方式发生着根本性的改变，一种追求刺激的无规则文化在蔓延，结果是精神家园的普遍丧失。本土价值、本土知识、母语、文化遗产的全面兴起，是对西化的反动。在此背景下，非洲渴望找回自己存在的基础和意义，为此，需要重新定义自己的地位，重新定义发展，重新思考自由市场竞争的咒语，以期能够决定本土知识、文化遗产的作用和可能性，进而在全球化进程中确立自己的身份、尊严和价值。非洲学者一直在努力识别非洲文化共同的信仰、价值以及历史经验，他们认为，非洲要应对全球化的压力，复兴本土知识显然是应有的主题。[②]

其次，有助于弥合性别、族群、宗教间的裂痕。本土知识一般并不是性别中立的（gender-neutral），这种因素影响着教育功能的实现。在多

① Willie E. Abraham, *The Mind of Africa*, London : Weidenfeld and Nicolson, 1962. p.11.

② Queeneth Mkabela, “Using the Afrocentric Method in Researching Indigenous African Culture,” *The Qualitative Report*, Vol.10, No.1, March 2005, pp.178—189.

种文化类型中，妇女是本土知识的主要承载者，她们从口述传统和历史经验的宝库里获取了大量的习惯、故事、药方等。但是，在男性主导的文化中，本土知识被称为是“老妇的故事”（old wives tales），阻碍了本土知识进入教育系统。针对这种情况，印度一些乡村小学即雇佣部分当地妇女作为教员，她们有意识或无意识地找到办法把本土知识的内容嵌入课堂实践之中。类似的例子在非洲并不多。非洲法语区大部分乡村小学以男性教员为主，而且常常有明确的政策规定男教员应来自其他文化区，这种去背景化的教育系统设计，旨在增强孩子的现代化和国际化能力。这样的功能性教育，遮蔽了民族文化、地方传统的意义，加大了性别的社会差异，显然不利于新兴国家的建设和发展。

非洲族群冲突是众所周知的一大顽症，也是引发国内、国家间冲突的主要根源之一。众多的本土知识实践证明，本土知识在缓和历史积怨、调节资源争端、化解利益冲突、促进文化认同方面，具有重要的作用。同时，本土社区能提供应对本土危机的独特历史视角，是人权保护的基础单位。

非洲宗教与本土知识的交叉较为复杂，地方宗教传统、世界宗教的教义和实践（主要是基督教和伊斯兰教）与世俗的文化、政府主导的文化，在国家认同这一主题下交汇、碰撞，扑朔迷离。基督教和伊斯兰教在非洲大陆传播的历史过程中，已适应了非洲文化甚至非洲化到一种变异的程度，这种适应和变化无论是通过何种交融方式实现，基督教、伊斯兰教二者与发展的民族思想体系之间都存在着影响或被影响的关系，其程度取决于这些宗教与本土文化的复合状况。基于这种深度的联系，在非洲，宗教的方式影响着什么是本土、什么是外来的意义。随着本土知识在非洲的兴起，从宗教的维度看，如何看待本土知识是非洲国家建构进程中难以回避的一个问题，当然，也是一个有意义的视角。

第三，有助于增进文化认同。本土知识基于经验，把物质生活和精神生活两个领域联系了起来。物质空间维系生存，精神空间富于情感意味，为物质交流提供了润滑和动力，二者有机结合在一起，形成集体主义的思想模式，维护着族群及他们所共享之土地的共有意识。因此，本土知识不是为满足个别需要的，也不是与共同体相孤立的，它根植于一个个族群、一片片土地。在本土社会里，文化传统、价值信仰体系和世界观是由社区的长辈传授给青年人的，构成了一个本土的认知体系。社区与其环境的关系，建立在对物质、精神世界的理解和解释的基础之上，包括概念、信仰、预言、经验及与自然环境的关系，是文化认同的重要基础。在非洲，虽然殖民体系的政治结构基础已经崩溃，但其经济基础、文化影响仍然起着作用，去殖民化是一个漫长的过程，在这个过程中，殖民主义的阴魂要破除，但更为重要的是建设本土的文化认同。

最后，有助于建构本土发展模式。发展是非洲国家必须面对的共同主题，因为非洲问题的根本，依然是发展不足。发展包括经济、社会、文化和政治的全面发展。非洲很多国家长期盲目追随西方的发展理论，结果，40多年来，发展业绩有限，债务却不断加大。西方高消费的发展模式，浪费全球自然资源，是不可持续的，这种方式对于贫穷的非洲，既不可能，也不可取。所以，非洲国家应探索基于本土知识的自主发展道路。当然，不是不与西方合作，而是在发展中应加入非洲理想、非洲价值，并以非洲的人力、物力和自主知识为基本资源。近年来，非洲学界围绕非洲发展道路的选择提出多种多样的主张，这从不同侧面深刻反映出非洲发展的深层次问题：只有彻底摆脱殖民历史的影响，非洲才能获得真正的独立、自立和发展。从学术界的讨论来看，主要视角有三个方面：其一，殖民历史是本土知识遭受压制和破坏的根源；其二，解放本土知识是去殖民化的基本内容之一；其三，保护和利用本土知识是去殖民化的重要途径。在这样的认识背景下，非洲的本土知识不仅被唤醒了，被视为非洲发展不可或缺的资本，而且被纳入了国家建构的视野。事实上，在国家建构进程中，本土知识是建构本土发展模式，保障国家可持续发展、促进知识生产和创新的重要资源。

总的来看， 非洲知识界普遍意识到，虽然殖民体系已经成为历史，但殖民影响却根深蒂固，殖民历史所造成的文化纽带的断裂，是制约非洲发展的根本原因，去殖民化仍然是长期而艰巨的任务；非洲要找回发展的主体地位，首要的是摆脱对西方的依赖，实现本土回归；本土知识作为传统文化的核心成分，是哲学、认识论、伦理取向和生活方式的反映，其中所包含着的思想和方法，对国家的文化认同和自主发展起着重要的作用，是国家建构进程中可资深入探究、挖掘的宝贵财富。因此，南非本土知识国家战略十分强调本土知识在去殖民化和国家建构中的作用，认为发展本土知识是认识和纠正种族、性别不平等的一个大好机遇，应当重视训练大量的黑人、妇女在各种本土知识领域就业；应激活本土知识在多元文化背景中的教育价值，提高人们对本土知识的感知能力，全面理解、欣赏本土知识在日常生活中的作用和潜在影响，进而增进对遗产和传统文化的尊重，纠正、补救南非苦难的过去，消解全球化对本土文化的侵蚀效应。

八、本土知识与南方国家的发展[①]

本土知识是南方国家应对经济全球化挑战的宝贵财富，建构本土发展策略的知识基础，进入知识经济时代的知识资本。在北方国家正在以其强大的技术优势主导着经济全球化和知识经济的背景下，南方国家应当把本土知识视为国家资本，正确理解、把握、评价本土知识，使之成为自主发展的支撑力量之一。

① 张永宏、胡立耘：《南方国家发展背景中的本土知识》，载于《全球科技经济瞭望》，2010年第12期。

南方国家是生物多样性和文化多样性极为丰富的地区，蕴藏着丰富的本土知识。当今世界，北方发达国家正在以其强大的技术优势主导着经济全球化和知识经济的发展趋势，南北差距日益加剧。在此情势下，南方国家应当把本土知识视为国家资本，积极倡导本土知识的价值，加强对本土知识的研究、保护和利用，努力使其成为建构自主发展能力和知识创新能力的根本性力量之一。

（一）本土知识是南方国家应对经济全球化挑战的宝贵财富①

随着经济全球化的不断升级，南方国家承受着多方面巨大的压力。

首先，经济全球化严重危害着全球公共资源，南方国家受害将最为深重。

南方国家多属资源富集国，是许多物种的主要储蓄所，自然能源的主要产地，对全球公共资源的依存度很高，近30亿的贫困人口不仅是生物多样性最为切近的看护者，而且还得依靠生物多样性资源生存下去，并获取发展的基本条件。有研究表明，越靠近赤道，生物多样性越丰富，相反，越接近地球两极，生物多样性越贫乏；工业化国家主要分布在生物多样性贫乏的北方，而南方国家大多分布在生物多样性资源丰富的热带地区。热带地区拥有30万到75万种植物，全球具有医药价值的植物超过2/3的种类发源于南方国家。②今天全球食品基本供给主要依靠南方国家的生物多样性资源，诸如野生动植物、森林和稀树大草原等。然而，这些资源却构成了北方国家原材料利用的主体。南方国家由于缺乏现代开发技术或无力支付高技术成本，在全球资源利用中明显处于劣势，但却要为全球资源的保护承担相对更重的责任。同时，全球气候变暖加剧，物种消亡速度加快，森林覆盖面积缩减，海洋鱼类被过度捕捞，这些公共因素的变化趋势对南方

① 张永宏：《非洲发展视域中的本土知识》，中国社会科学出版社2010年版，第30—32页。

② Crucible Group. People, Plants and Patents: *The Impact of Intellectual Property on Biodiversity, Conservation, Trade and Rural Society*. IDRC,Ottawa,1994, p.118.

国家的影响是灾难性的。世界银行援引的资料预计，在未来的100年里，基础能源（煤、石油、天然气）的需求量将每年以2%的速度增长，相应的温室气体排放量将增至目前的2—4倍；在未来的50年里，1/4已知动植物（约相当于一百万种）物种有可能因气候变暖而消失；至2048年，海洋鱼类将全部耗尽；目前，南方国家约有6亿多人面临实际的淡水短缺，估计到2020年，将有20亿—30亿人可能面临严重的淡水短缺。[①]南方国家在资源枯竭和环境质量恶化不断加剧的情况下，不仅经济增长的速度和质量受到制约，而且将为寻找替代途径而支付更高的发展成本，为防控疾病而消耗更多的资金。

其次，在经济全球化所催动的国际分工变局中，南方国家受到知识、技能条件的限制，严重制约劳动力价格的提高。

南方国家人口占全球人口的八成左右，但普遍面临贫困、疾病的困扰。据世界银行统计，全球贫困人口的97%分布在南方国家；2003年，日生活费不足1美元的贫困人口达10.68亿，占南方国家人口的20.2%；日生活费不足2美元的贫困人口达26.71亿，占南方国家人口的50.5%。而且，世界银行对1980年和2002年世界收入分配情况所作的比较表明，2002年穷国的人均收入比1980年反而下降了，富国与穷国之间人均收入的差距一直呈扩大的趋势，估计到2030年，南方国家的收入只及发达国家的1/4。南方国家由于卫生条件和医疗条件的限制，成为疟疾、麻疹、艾滋病等疾病流行的重灾区。南方国家在大量人口挣扎在生存线上的境况之下，技能型劳动力的生产和再生产难以提高和扩大，而富国的高收入不仅使其创新得以在全球技术前沿扩展，而且造就了大量的技能型劳动力，共同支持着富国总的生产力要素的扩张。据世界银行统计，2001年全球有劳动者30.77亿，南方国家占84%，但其中的技能型劳动者只有10%。[②]这种状况制约着南方国家劳动力价格的提高，影响南方国家在全球劳动力市场上收入份额的增长，

① 世界银行：《全球经济展望：驾驭新一轮全球化的浪潮》，中国财政经济出版社2007年版，第145、154—158页。

② 世界银行：《全球经济展望：驾驭新一轮全球化的浪潮》，中国财政经济出版社2007年版，第37、59、67—70、110页。

最终难以遏制知识创新向富国集中、人才涌往富国的趋势。

第三，经济全球化使文化多样性的存在和发展受到威胁。

随着强势国家和跨国机构对利益和机会的掠夺，以经济为中心定位世界的意识不断增长，文化帝国主义成为现实。结果，南方国家西化程度日益加深，阻碍了不同文化的并存，文化多样性普遍受到威胁。仅从教育看，长期以来，大多数南方国家都认为去背景化的西方教育系统是正确的。在这种认识驱使下，南方国家教育的定位主要不是为本土社区的发展服务，而是为政治、经济的西化做准备；不是为维系民众的生存需求服务，而是为全球经济机器承担劳动力的社会再生产。

事实上，对于广大的南方国家而言，全球化应理解为是国际化和本土化的组合。国际化是要遵循共同的标准和游戏规则，本土化才是融入全球的本质内涵。本土知识是传统文化中具有现实功用的部分，与环境长期共生，在自然资源保护和利用、促进就业和减贫、传承文化、推动知识创新等方面具有不可忽视的价值。南方国家应意识到，要在全球化进程中重塑自己的国际地位和精神家园，特别需要确定本土知识及其与之相关的文化遗产的作用和可能性。近年来，面对经济全球化的挑战，南方国家是否能成功地找到与西方互惠互助进行经济、政治、文化交流的全球定位，引导人民转向其文化之根，在现代和本土之间发展一种辩证的、建设性的联系，这一问题已引起广泛的关注，同时也照亮了本土知识的意义。确实，对于南方国家而言，要走出全球化的困境，参与全球知识生产以及全球理性和全球安全的建构，就必须在开放吸收的同时，主张并大力推进文化多样性建设。为此，启动本土知识资源，走自主发展的道路，这无疑是一项重要的战略选择。

（二）本土知识是南方国家建构本土发展策略的知识基础

尽管人类学家弗兰兹·博厄斯、玛格丽特·米德、鲁斯·本尼迪克特、乔治·福斯特等均承认，不存在唯一的、必然的和普适的发展模式，更不存在什么所有国家都要遵从的全球模式，文化的独特性和相对性才是通则，但是，发展人类学家弗兰西斯·萨顿仍然认为，不同文化终将通过相同的文化进程而达致发展和现代化。事实上，经典的发展主义理论家大都秉持以罗斯托模式为基础的西方现代化模式观。发展主义的代表人物罗斯托在《经济增长的阶段——非共产党宣言》中断言，所有社会都必然经历通向现代的五个发展阶段：落后的、欠发达的传统社会→政治稳定和国家统一的起飞准备阶段→经济快速增长的起飞阶段→经济成熟阶段→高额大众消费阶段。步其后尘，社会学家塔尔科特·帕森斯对传统社会和现代社会的模式变量进行分析，认为传统社会的归属取向、特殊主义、功能分散等变量最终都将无一例外地被成就取向、普遍主义、功能专一等现代社会变量所取代；西摩·马丁·李普赛特通过考察“社会动员”和“民主的社会前提”后指出，只要注入资金、教育群众，民主和发展就能够自动实现；政治家加布埃尔·阿尔蒙德在《发展中地区的政治》（1960）一书中提出一套功能主义的政治体系模型，包括政治社会化、利益表达、利益汇集、政治交往、规则的制定、规则的实施、规则的裁定等7个要素功能，认为对所有国家都是有效的。然而，事实证明，发展没有如期实现，民主也没有自动现身。①

实质上，以罗斯托模式为基础的发展理论，都基于传统和现代的两分法，把西方奉为圭臬。虽然，发展主义被斥为不过是西方学者书斋里的理想，但是，后来相继出现的文化解释模式、依附理论、制度解释模式等新的发展理论，仍然没有改变以罗斯托模式为主的西方援助政策。现实中的官僚威权主义和以官僚威权主义为核心的统合主义，在一些国家和地区显得十分奏效，取得令人瞩目的成就，也始终无法挣脱发展对人权、民主的西方式诉求。于是，自由主义被召回，继进口替代模式之后，华盛顿共识把开放的市场、自由贸易和民主人权绑在一起，成为推动南方国家发展的主要理论基础。然而，南方国家穷困的境况始终没有得到根本改变。许多南方国家受到三重压力的困扰：国内储蓄率低、政府借贷和负债高、对外资的过度依赖。至2000年，拉美地区的情况并没有比20年前有什么好转，

① 霍华德·威亚儿达著，刘青、牛可译，牛可校：《新兴国家的政治发展——第三世界还存在吗？》，北京大学出版社2005年版，第35—47页。

80%的民众生活在贫困之中，贫富悬殊在全球最为严重，贫困线下的人口比1980年增加了4000万。[①]

相反，1970年代以来，本土发展模式迅速崛起，东亚、印度、非洲、拉美以及后来的俄罗斯都在不断探索、整理、提升自己的本土发展模式理论。虽然本土发展模式多种多样，同样面临着诸多困难，在政治运作、族群偏向、信仰纷争、实用性以及与世界次序的对接等方面都存在着界定和操作的困难，很少有成型的本土模式能完好、独立地发挥作用，但是，近年来的实践证明，一国的发展虽然很难归于某种单一的发展模式，但本土发展模式至少不失为混合发展形式之一种。[②]因为，本土发展模式毕竟是自立、自为的根本，本土发展模式即使难以在国家或地区层面上施展，但在社区层次上的有效性、适合性、经济性、可持续性不断得到确证。[③]众多的本土实践证明，本土知识作为传统知识，承载并反映着社区的历史和文化价值，在发展上有着不可忽视的实践功用和理论内涵，是建构本土发展策略的基础。[④]把知识作为发展的武器，这一点在南方国家还没有得到足够的重视，但支持本土知识在发展中应用的国家政策不断出现。过去，南方国家发展政策主要集中在对西方实践的采用方面，以服务于社会现代化和生产转型的目的，在发展进程中促进本土实践则很少被系统考虑，但是，这种情况正在发生变化。1990年代以来，各种力量在全球范围内把本土知识从民俗的王国里移入发展领域，取得了丰富的成果，关键的后续策略是国家管理者如何精心制定特殊的政策以支持获取知识（接近和采纳全球知识，发现和捕获本土知识）、吸收知识（创造终生学习的机会和机

---

① 霍华德·威亚儿达著，刘青、牛可译，牛可校：《新兴国家的政治发展——第三世界还存在吗？》，北京大学出版社2005年版，第143页。

② 霍华德·威亚儿达著，董正华、昝涛、郑振清译：《非西方发展理论——地区模式与全球趋势》，北京大学出版社2005年版，第151—158页。

③ 张永宏、胡立耘：《非洲防控艾滋病的本土模式》，载于《医学与哲学》（人文社会医学版），2009年第4期。

④ 刘鸿武、张永宏、王涛：《基于本土知识的非洲发展战略选择——本土知识研究论纲》（上、下），载于《西亚非洲》，2008年第1、2期。

制）和传递知识（利用新信息技术的潜能，促进穷人对知识的接受）。① 一些南方国家正在系统地关注这一问题。②

（三）本土知识是南方国家进入知识经济时代的知识资本

2005年，联合国教科文组织一份名为《走向知识社会》（*Towards Knowledge Societies*）的报告指出，知识社会的兴起给南方国家带来新的机遇，本土知识正在成为发展的新起点；对南方国家而言，应推进丰富的本土知识向前发展，并与国际知识相连接，成为知识的生产者，而不只是消费者。联合国教科文组织鼓励知识社会的发展，认为不存在单一的知识社会模式，每一种社会都应倡导其本土知识的价值。

其实，即使在工业社会里，西方知识的重要性多么突出，也不过是众多知识体系中之一种。在很多国家和地区，规范知识（Formal Knowledge）与非规范知识（Non-formal Knowledge）即本土知识二者是并存的。规范知识指以西方教育系统为主产生的知识系统。之所以称其为规范的，不过是因为它具有书写文档、标准和规则以及技术设施的支持而已。本土知识是在人们与自然环境长期紧密的相互影响中保留和发展起来的实践、陈述体系，是一种包含了语言、命名和分类系统，利用资源的方式，礼仪、精神和世界观的文化复合体。虽然本土知识大多主要通过口传的形式代代相传，很少被文本化，但同样具有相对的完备性。这种知识体系为本土社区日常生活中的重要事务提供决策、判断的基础，如狩猎和采集、捕鱼、动物驯养、农业、资源管理、健康以及对环境和社会变化的适应等。在现代社会，超复杂性问题越来越多，如贫困、人口、环境、能源、安全和社会管理等，科学单枪匹马作战被证明是难敷使命的，而众多的实践表明，科学与本土知识相连之处，往往是知识创新的生长点。有关的实践表明，本土知识与其他知识系统的相互作用已成为研发产品和服务

① H. S. Bhola,."Reclaiming Old Heritage for Proclaiming Future History :The Knowledge-for-development Deba te in African Contexts". *Africa Today*, Bloomington,2002,(49),3.

② 张永宏：《非洲建构自主发展动力体系的新探索——南非本土知识国家战略述评》，载于《全球科技经济瞭望》，2009年第4期。

的重要机会所在，没有本土知识的输入，今天使用的很多有价值的医药产品，将不存在。[①]因此，南方国家应把本土知识看做是进入知识经济时代的国家资本，特别要重视对教育——知识传承和知识生产的重要系统——的研究和改造，倡导把本土知识嵌入其中，发展具有地方特色和文化内涵的教育系统，为自主知识创新体系的形成铺平道路。

但是，知识经济运行的基础依然是商业原则。发达国家向南方国家的技术转移，主要渠道是通过工业制成品和中间产品的贸易以及直接投资。在国际贸易中，南南协议一般只涉及商品贸易，而北南协议不仅包括商品贸易，而且包括服务贸易、保护投资的原则以及知识产权保护。这样，在《与贸易相关的知识产权协定的附加协定》（TRIPs-Plus）的保驾护航之下，由专利引动的资金流大量流入发达国家。据世界银行估计，2001年流入美、德两国的专利报酬分别高达190亿美元和70亿美元。[②]总的说来，加强知识产权保护必将增强总体的创新能力和投资环境潜力，但是，南方国家必然要为更高的技术价格付出代价。例如，随着技术保护措施的加强，互联网服务提供商的利益与权限不断得到明晰的界定，数字图书馆、基于互联网的远程教育、在线数据库等资源的使用门槛不断提高，南方国家不得不为随之形成的知识壁垒、数字鸿沟支付高昂的费用。另外，与科学日益商业化有关的处于变动之中的制度环境、技术环境和地缘政治环境，使知识财产的控制和管理越来越成问题。首先，在国际领域，各国因工业化水平和研发能力不同，对知识产权保护的立场也不同。一般而言，技术发达的国家赞成加强保护，而技术落后的国家赞成较低程度的保护。在19世纪，这种差别主要存在于欧洲和北美之间，目前，发达国家与南方国家之间存在的这种差别日益凸显。大型企业和小型企业在知识产权保护方面的差异，与各个国家在文化和经济上的差异也大体是相似的。其二，现代科技的发展使知识产权领域出现日益扩大的模糊地带。知识产权体系不仅仅

① 张永宏：《非洲建构自主发展动力体系的新探索——南非本土知识国家战略述评》，载于《全球科技经济瞭望》，2009年第4期。

② 世界银行：《全球经济展望：贸易、地区主义和发展》，中国财政经济出版社2005年版，第49、110页。

是为了保护收益，更重要的是在于鼓励知识的传播，并以此提高进一步创新的可能性。多种信息在电子层面上的关联越来越紧密，提高了信息的共享度，促进了研发（R&D）领域的创造性合作，但是，也可能会威胁知识财产体系的核心，因为它使得知识财产的法律范畴和经济范畴之间即“所有者”和“作者”之间的界线越来越难以界定，也很难得到保护。第三，一些公司跨国发展其研究项目以及把公司的实验室分布在不同国度，进一步加大了知识财产在国家边界上的松散性。在这样的背景下，处于知识产权问题中心的公共收益和私人收益，将如何平衡？由群体积累、传承的本土知识，将如何得到保护和分享？南方国家现在的专利不到全世界专利的1%，拥有互联网的人口仅为全球互联网用户总数的10%，南方国家如何找寻知识创新的支撑点？这类问题成为南方国家避免被知识经济时代边缘化的关键性问题。①由此可见，在知识经济时代，南方国家应高度重视本土知识的产权保护，只有把知识社会建立在合理、公平的知识保护机制和制度之上，给本土知识以应有的地位，才能有效促进知识创新，南方国家的自主发展也才可能具备坚实的知识基础。

（四）南方国家应正确理解、把握、评价本土知识

本土知识存活的最大障碍，是以实利主义理性范式（Materialist-rational Paradigm）为基础的西方经济发展模式，这种模式出于对西方利益的维护，自然不承认其他知识系统的价值与合法性。另一方面，在近几十年里，“本土”（indigenous）和“知识”（knowledge）组合在一起，不仅指传统知识的内容和形式，而且与近代以来西方殖民扩张导致的知识、权力不对称，与南方国家的去殖民化运动等紧密联系在一起，成为南方国家反对西方霸权的有力武器。但是，围绕本土知识的权力问题纠缠不休，甚至把本土人的自立和自治看做是本土知识的逻辑使命，有泛政治化的倾向，与当今世界和平、发展主题背道而驰，是没有前途的。因此，南方国家需要把知识、权力与发展联系起来，对本土知识进行整体性的把握。

---

① 希拉·贾撒诺夫、杰拉尔德·马克尔、詹姆斯·彼得森、特雷费·平奇编，盛晓明、孟强、胡娟、陈蓉蓉译：《科学技术论手册》，北京理工大学出版社2004年版，第376—379页。

为应对全球共同的问题，特别是贫困和环境问题，南方国家应意识到，只有政治上去中心化，文化上鼓励多元化，尊重传统知识、价值和制度，使科技创新和草根创新两股创造性力量整合起来，建构起利益和资源重新分配的政治学，才能推动民主的健康成长和经济的可持续发展。但首要的问题在于，应高度重视本土知识在发展领域中的作用，充分意识到发展需要本土知识，同时，发展为本土知识的新生创造了机会和舞台，继而为传统文化的复兴开辟出一条现实的通道。当然，也要看到，本土知识在发展上的应用是必要的，但并不是充分的，更不可能是万能的。因此，没有正确的评价，就不可能有效保护和利用本土知识。对待本土知识，既要避免泛政治化倾向，又不能无视殖民历史和南北矛盾所造成的权力失衡因素；既要避免民族中心主义，又不能陷入妄自菲薄的悲观境地；既要厘清本土知识与传统文化的关系，更要辨析本土知识与科学知识的差异与联系；既要注重本土知识的实践价值，重视本土知识的精神价值和文化意义，又要正确把握本土知识的作用边界。

本土文化核心的一些基础是否还会在将来存活？通过产品、仪式、表演存留下表面的文化多样性，其意义能否经受住全球化的考验？南方国家自主发展能力能否借助本土知识的力量跃上一个新台阶？从近年来的发展看，有几点是肯定的，一是本土知识正在获得新生，二是文化相对性理念正在赢得广泛的接受，三是南方国家的本土发展实践正在呈现着勃勃的生机。[①]显然，一个有着多样知识系统和文化价值的未来世界，必将丰富南北关系的内涵，推动南北关系的建设性互动和发展。因此，南方国家应积极开展本土知识的研究、保护和利用，引导地方社区在知识共享和知识采用的基础上决策，以减少抵制现代科学和剥夺本土授权两方面的危险，解放并激活本土知识的潜能，使之成为建构自主发展能力的知识资本。

① V.M. Razak.,“Can indigenous Cultures Survive the future?”, *Futures*, 2003, (35), pp.907—915.

主要参考文献

(一) 英 文

Agrawal, Arun, *Indigenous and Scientific Knowledge: Some Critical Comments*. http://www.nuffic.nl/ciran/ikdm/3-3/articles/agrawal.htm.

Aina, L.O. "Decision Makers and Agricultural Information in Africa: the Potential Role of the Internet", *Quarterly Bulletin of the International Association of Agricultural Information Specialists*, 1999, 44 (1-2):96—99.

Altieri, M. "Rethinking Crop Genetic Resource Conservation: A View From the South", *Conservation Biology*, 1989, 3(1): 77—79.

Anglana, Tana W.,"Africa Between Tradition and Modernization", *African Societies*, 3 , December 2002.

Asad, Talal (ed.), *Anthropology and the Colonial Encounter*, London, Ithaca Press, 1973.

Austen，Ralph A., *African Economic History: Internal Development and External Dependency*, London, J. Currey，1987.

Banuri, T. and F. Apffel-Marglin (eds), *Who Will Save the Forests? Knowledge, Power and Environmental Destruction*, London, Zed Books, 1993.

Barlett,P. F. (ed.), *Agricultural Decision Making: Anthropological Contributions to Rural Development*,

New York, Academic Press, 1980.

Barnes,B. and D. Bloor ,"Relativism, Rationalism and the Sociology of Knowledge", in M. Hollis and S. Lukes (eds), *Rationality and Relativism*, Oxford, Basil Blackwell, 1982 .

Bates, Don (ed.), *Knowledge and the Scholarly Medical Traditions*, Cambridge: Cambridge University Press, 1995.

Behera, Deepak Kumar and Pietm A.Erasmus , "Sustainable Development of Indigenous Populations :Challenges Ahead", *South Africa Journal of Ethnology*,1999,22(1).

Bennett, John W. ,*The Ecological Transition: Cultural Anthropology and Human Adaptation*, New York: Pergamon, 1976.

Benton, A. H. and W. E. Werner, *Principles of Field Biology and Ecology*, New York, McGraw-Hill Press, 1958.

Betéille, André, "The Idea of Indigenous People", *Current Anthropology*, 39 (2),1998.

Bhola,H. S. ,"Reclaiming Old Heritage for Proclaiming Future History: The Knowledge-for -development Debate in African Contexts",*Africa Today*,Bloomington,Fall 2002, Vol.49.Iss.3.

Bhushan, KulTom Nevin, "The Industrialisation of Africa", *African Business*, 1999, 248 :8—9 .

Boas, Franz ,*The Mind of Primitive Man*, New York, The Free Press,1911[1938].

Bodley, J.H., *Victims of Progress*, Mayfield Publishing, Mountain View , CA, 1990.

Boulding, Kenneth E. "Where Are We Going If Anywhere? A Look at Post-civilization", *Human Organization*, 1962, 21 (2): 162—167.

Bourdieu,Pierre, *Outline of a Theory of Practice*, New York, Cambridge University Press, 1977.

Boven, Karin (Nuffic), Jun Morohashi (UNESCO/MOST), *Best Practices Using Indigenous Knowledge*. www. Unesco. Org/most/bpindi.htm, www. nuffic. nl/ik-pages.

Brokensha,D.,D.M.Warren and O.Werner(ed.), *Indigenous Knowledge Systems and Development*,Lanham,MD,University Press of America,1980.

Brundtland Report :*Our Common Future*, World Commission on Environment and Development, Oxford, Oxford University Press , 1987.

Burger,J., *Report from the Frontier: The State of the World's Indigenous Peoples*, Cambridge, MA,Cultural Survival Inc., 1987 .

Bruger ,J ., *Gaia Atlas of First Peoples: A Future for the Indigenous World*, Doubleday, New York, 1990.

Carlier, H., *Understanding Traditional Agriculture*, Leusden, The Netherlands, Information Centre for Low External Input Agricultural (ILEIA) , 1987.

Cernea, M., *Putting People First: Sociological Variables in Rural Development*, Oxford, Oxford University Press, 1986.

Cetina, K. Knorr, *The Manufacture of Knowledge: An Essay on the Constructivist and Contextual Nature of Science*, Oxford, Pergamon, 1981.

Chambers, *Rural Development: Putting the Last First*, Harlow, Longman, 1982.

Christenson, James A. and Jr. Jerry W. Robinson (eds), *Community Development in Perspective*, Ames, Iowa: Iowa State University, 1989.

Clarkson, L., M. Vern, G. Regallet, *Our Responsibility to the Seventh Generation: Indigenous Peoples and Sustainable Development*, International Institute for Sustainable Development, Winniptg, Canada, 1992.

Clover, Jenny, “Food Security in Sub-Saharan Africa” ,*African Security Review*, 2003,12 (1).

Comaroff, J.& J. Comaroff, *Ethnography and the Historical Imagination*, Westview Press , Boulder, 1992.

Conklin, H.C. *The Relation of Hannunoo Culture to The Plant World*, Ph.D.dissertation,New Haven,Yale University, 1954.

Cooper,Charles, *Science and Technology in Africa Under Conditions of Economic Crisis and Structural Adjustment*， Maastricht,The Netherlands,United Nations University, Institute for New Technologies, 994。

Dahlberg, Kenneth A., *Beyond the Green Revolution: The Ecology and Politics of Global Agricultural Development*, New York, Plenum Press (HD1415 D273), 1979.

Ellen, Roy & Holly Harris, *Concepts of Indigenous Environmental Knowledge in Scientific and Development Studies Literature: A Critical Assessment*, Retour Sommaire, 1997.

Ellis , Jim and Kathleen A. Galvin, "Climate Patterns and Land-use Practices in the Dry Zones of Africa" *BioScience*,44, May'94.

Emeagwali, Gloria T., *Science and Technology in African History with Case Studies from Nigeria, Sierra Leone,Zimbabwe, and Zambia*. Edwin Mellen Press (August 1, 1992)

Emeagwali, Gloria T., *Africa Systems of Science, Technology and Art*, Karnak,London,1993.

Emeagwali, Gloria T., *Africa and the Academy: Challenging Hegemonic Discourses on Africa*, Africa World Press, 2002.

Emeagwali, Gloria T., "African Indigenous Knowledge Systems (AIK): Implications for the Curriculum," in Toyin Falola (ed.), *Ghana in Africa and the World: Essays in Honor of Adu Boahen*, Africa World Press, New Jersey, 2003.

Emery,A.R., *Integrating Indigenous Knowledge in Project Planning and Implementation*, International Labour Organization, World Bank, The Canadian International Development Agency and KIVU Nature Inc., 2000.

Escobar, Arturo, "Anthropology and the Development Encounter: The Making and Marketing of Development Anthropology", *American Ethnologist*, 1991,18 (4).

Escobar, Arturo, *Encountering Development: The Making and Unmaking of the Third World*, Princeton: Princeton University Press, 1995.

Ezeabasili, Nwankwo, African Science: *Myth or Reality*? Vantage Press, 1977.

Fardon, Richard (ed.), *Power and Knowledge: Anthropological and Sociological Approaches*, Edinburgh: Scottish Academic Press, 1985.

Farrington, J. and A. Martin, "Farmer Participatory Research: A Review of